かんたん!かわいい
切り紙ブック

いしかわ★まりこ

日東書院

かんたん!かわいい!
切り紙ブック

もくじ

12 ノート＆メモ帳飾り

34 朝食

76 お正月

この本のつかいかた

◆できあがった切り紙を飾ったページ

作った切り紙をテーマ別に紹介。レイアウトしています。
アイテムの組み合わせ方や、並べ方などを参考にしてください。

型紙掲載ページ

このアイコンのあるページの型紙は、P81「第4章 型紙コレクション」で紹介しています。

タイトルとテーマに沿った作品

シーンや季節などをテーマに、
切り紙を紹介しています。

◆型紙のページ

本書掲載の切り紙にはすべて型紙がついています。(型紙の写し方は、P10を参考にしてください。)

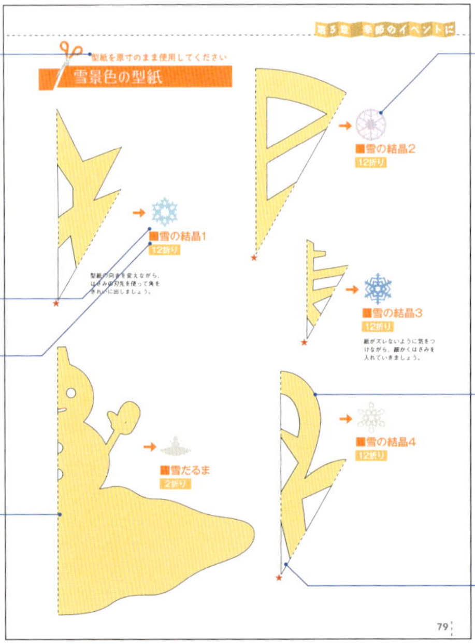

拡大率

表記の拡大率でコピーして使うと、本書で紹介している切り紙と同じ大きさでできあがります。原寸で使うものは「原寸」とあります。

型紙の名前

紙の折り数

紙を折る回数を明記しています。折り方はP7〜9を参照ください。

型紙の点線

点線部分は折りたたんだ輪の部分です。ここははさみを入れないように。

切って開いたできあがりの見本

できあがりの状態を写真で紹介しています。※この写真はイメージです。それぞれのサイズ感は各ページの拡大率と作品ページを参考にしてください。

型紙

紙が折られた状態で型が描かれています。これを紙に写して切ると作品ができます。

★マークが紙の中心

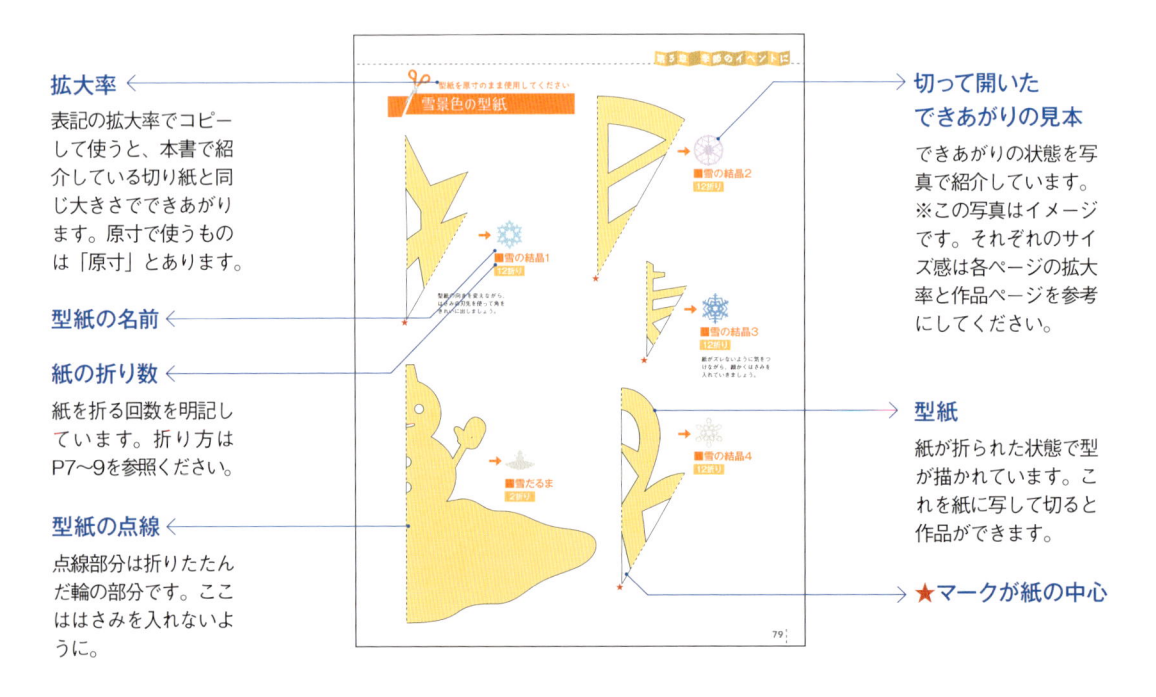

切り紙でつかうもの

◆まずは、これを用意してください

1 紙

●折り紙
●かわいい模様の折り紙
●ラッピングペーパー
●薄い紙（半紙・トレーシングペーパー・セロハン紙など）

2 よく切れるはさみ

使い慣れたものか使いやすいと思ったものがベスト。刃先が薄いとなお良いでしょう。

3 えんぴつ

型紙を写すときに使います。

4 ホチキス

紙に型紙のコピーをとめるときに使います。

◆これは、あるととっても便利ですよ

1 穴あけポンチ

小さな丸や目などをあけるときに使います。

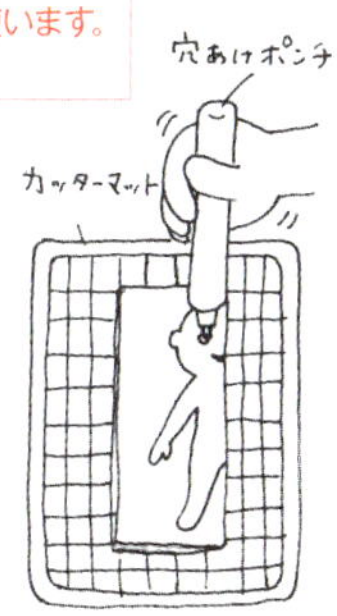

1.カッターマットを敷き、型紙をのせます。
2.穴をあけたい部分に刃を合わせ、ぐりぐりと力を入れて押しつけて穴をあけます。

★目など、左右対象の位置に穴をあけたい場合は、はさみで切る前の折った状態で穴をあけます。（厚手の紙の場合は1つずつあけましょう）

2 カッターナイフ

3 カッターマット

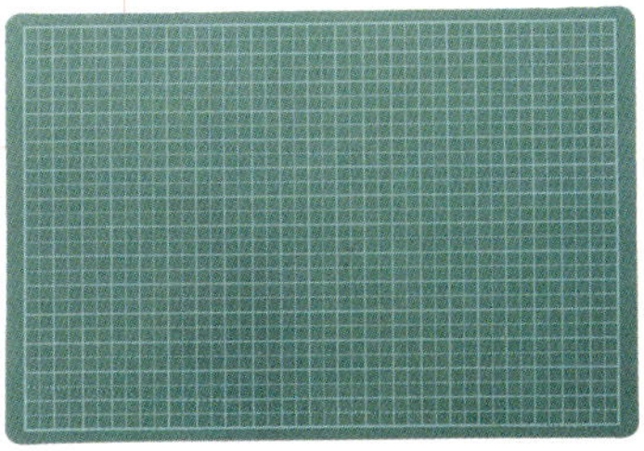

4 ミニはさみ

刃先が細く薄いはさみ。細かい部分に切り込みを入れるときに役立ちます（前述2とは別に用意してください）。

本書で使用している紙

本書で紹介している切り紙は主に折り紙を使用したものです。
大きさや柄などいろいろな紙があるのでお好みのものを選んでください。

折り紙

切り紙に最も適した厚さです。15cm、7.5cm、4cmなど、いろいろなサイズを揃えておくと便利です。

両面色折り紙

両面に色や柄がついているお得な折り紙。少し厚みがあるので、折り数の多い切り紙には向いていません。

かわいい模様の折り紙

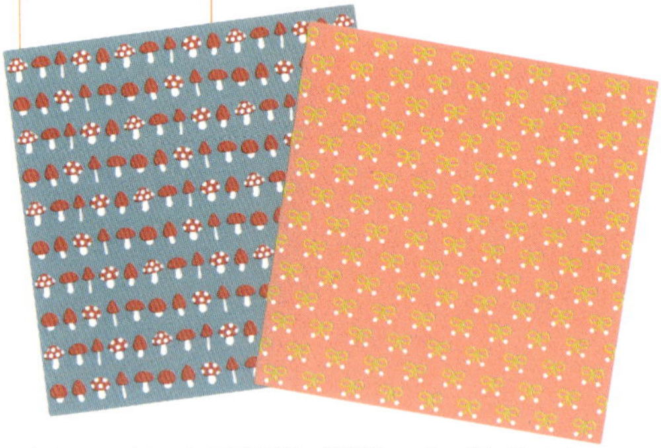

かわいいパターンの折り紙。洋服や、バッグなど、ファッションアイテムを作るときに使うとオシャレ。

和風の紙（千代紙など）

和風柄の紙は、お正月やひなまつりなど、日本の伝統行事の切り紙を作るときなどに活躍します。

薄い紙
（半紙・トレーシングペーパー・セロハン紙など）

透ける紙で作ると、繊細な仕上がりになります。シワがつきやすいので、取り扱いには気をつけましょう。

こんな紙も使えます

英字新聞風の
ラッピングペーパー

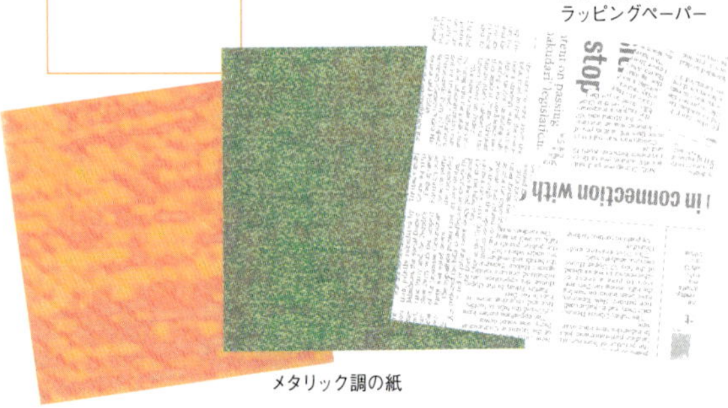

メタリック調の紙

折り紙にかぎらず、雑貨店や文具店などで売られている、ラッピングペーパーや特殊な紙でも作れます。

本書で紹介している紙の折り方

仕上がりをきれいにするため、ていねいに折ることが切り紙では重要になります。
〈★が紙の中心になるように折りましょう〉

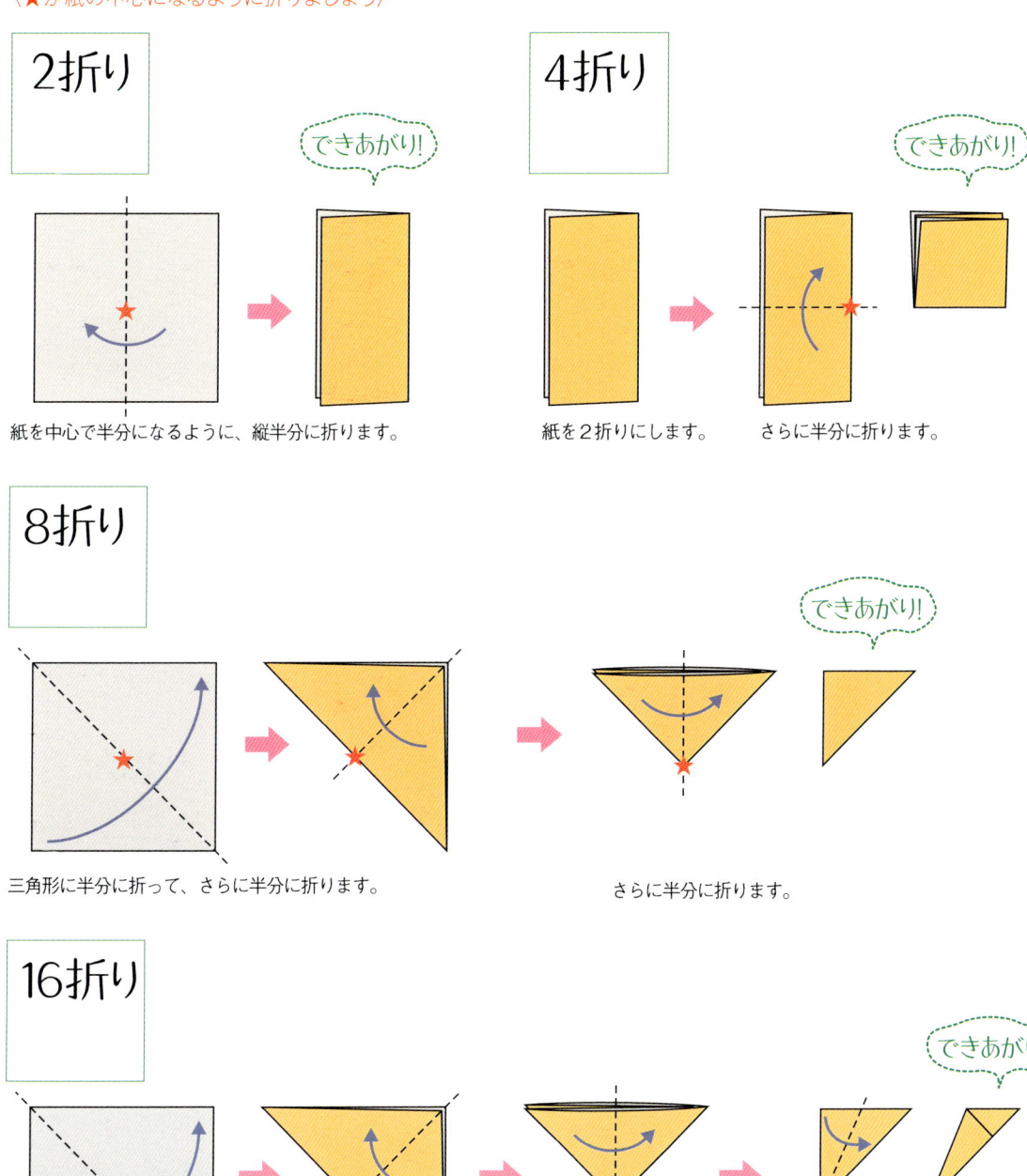

2折り

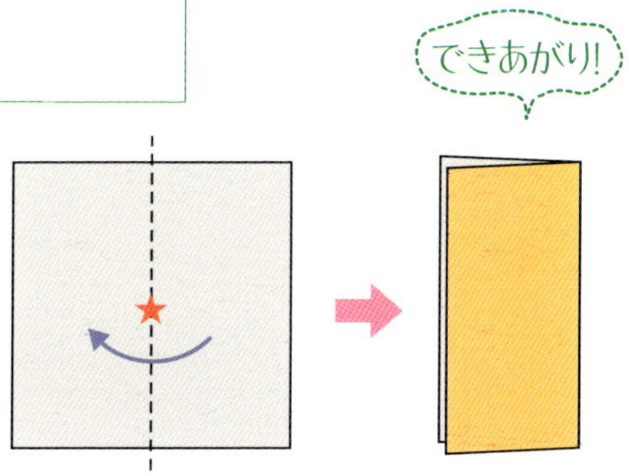
できあがり!

紙を中心で半分になるように、縦半分に折ります。

4折り

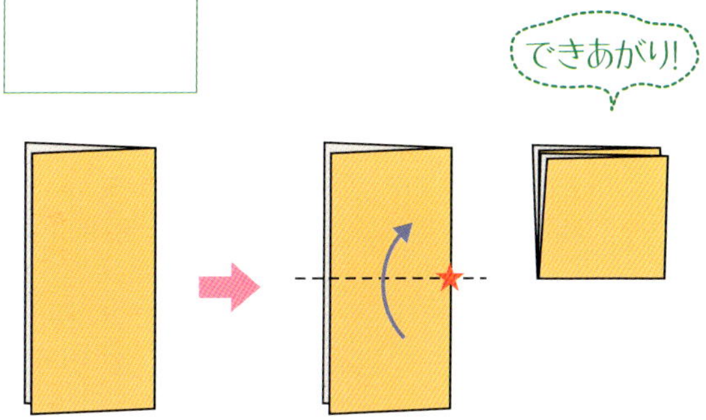
できあがり!

紙を2折りにします。　さらに半分に折ります。

8折り

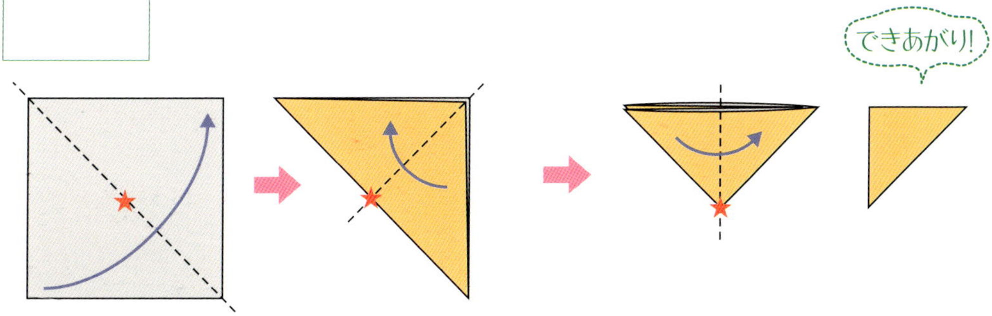
できあがり!

三角形に半分に折って、さらに半分に折ります。

さらに半分に折ります。

16折り

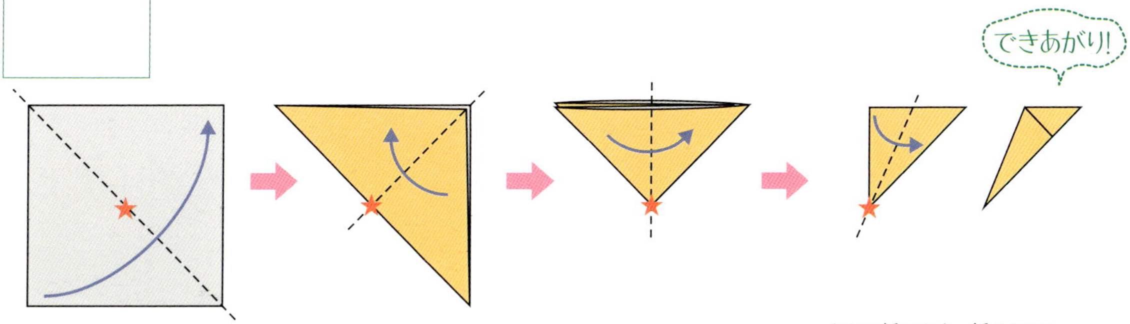
できあがり!

三角形に半分に折って、そこから同じように2回、三角に折ります。

さらに折ります。折り目はしっかり折ってください。

10折り

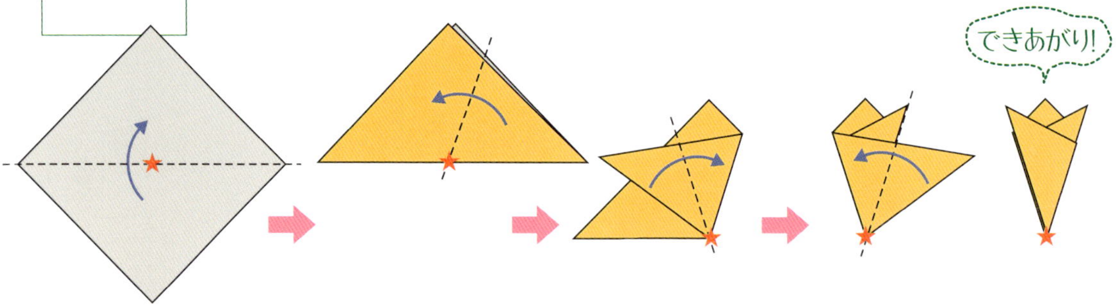
できあがり!

三角形に半分に折ります。

P9の72度の角度図に合わせて、両端を折ります。

全体がぴったりと重なるように、右側に出た部分を折りましょう。

12折り

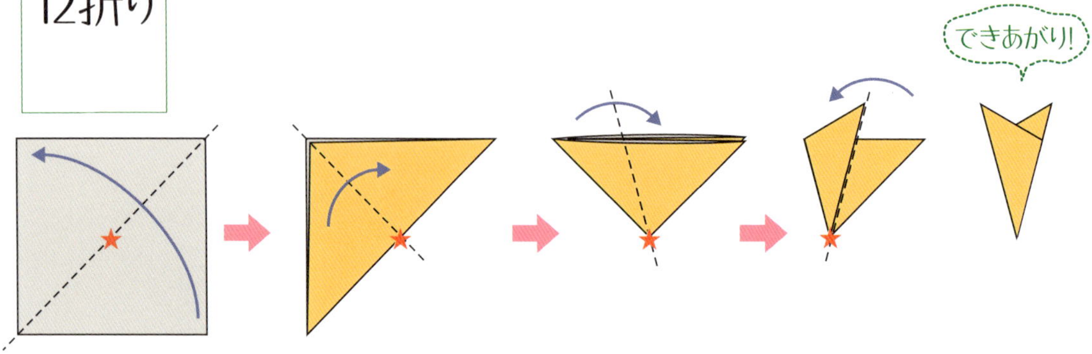
できあがり!

三角形に半分に折ります。

さらに半分に折ります。

P9の30度の角度図に合わせて折ります。

全体がぴったりと重なるように、右側を折りましょう。

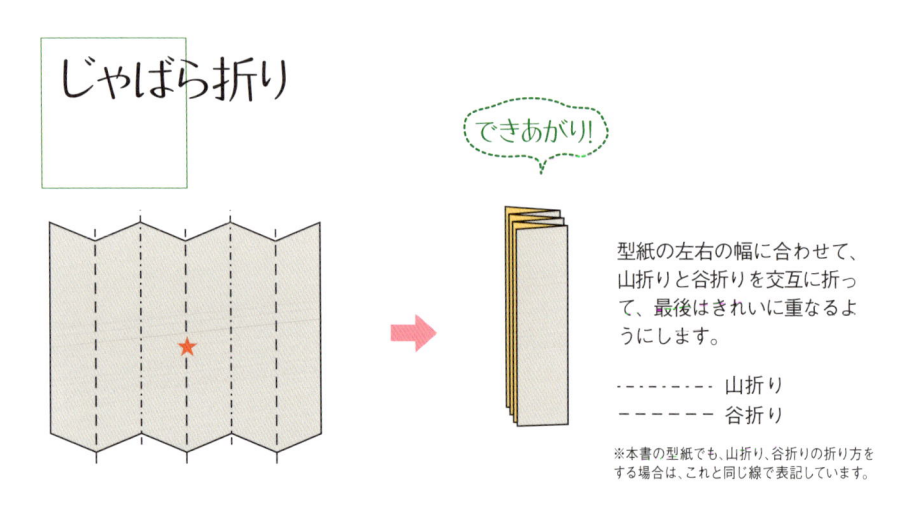

じゃばら折り

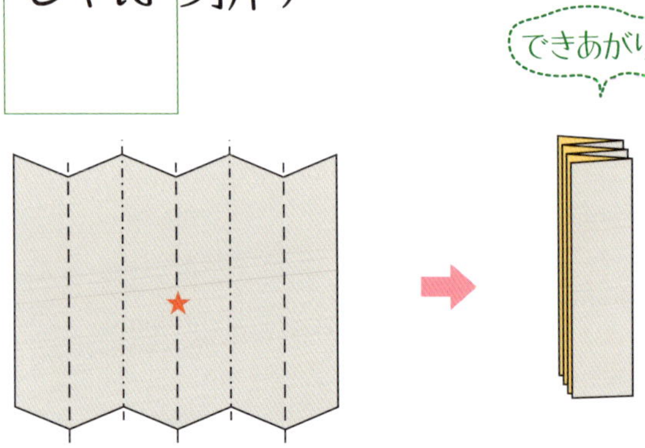
できあがり!

型紙の左右の幅に合わせて、山折りと谷折りを交互に折って、最後はきれいに重なるようにします。

-・-・-・-・- 山折り
- - - - - - - 谷折り

※本書の型紙でも、山折り、谷折りの折り方をする場合は、これと同じ線で表記しています。

12折り(30度)用
ガイド

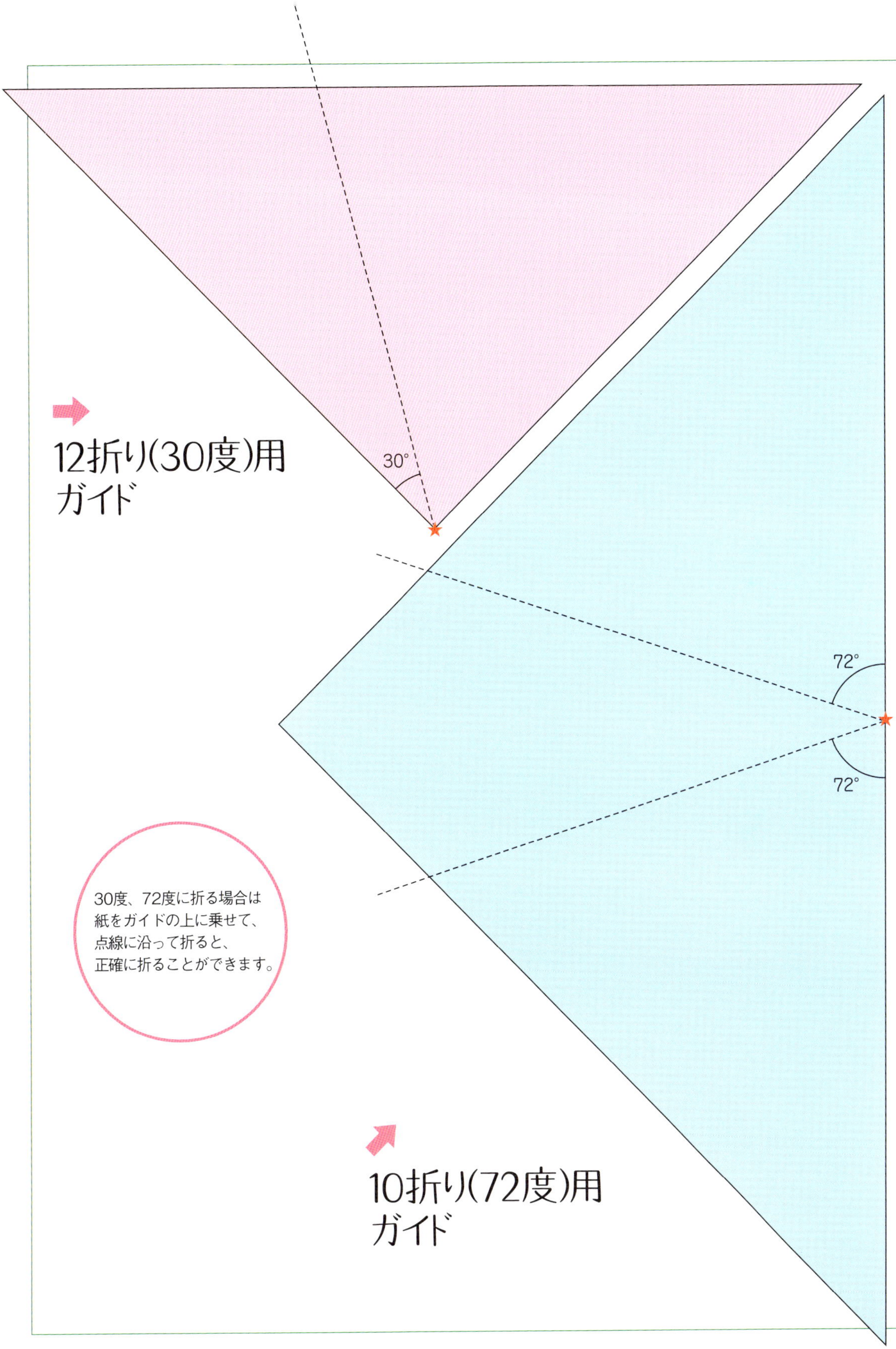

30度、72度に折る場合は
紙をガイドの上に乗せて、
点線に沿って折ると、
正確に折ることができます。

10折り(72度)用
ガイド

型紙の写し方

本書がおすすめするのは以下の2つです。コツは、どちらも型紙からズレないようにしっかりと重ね合わせること。

その1 型紙に薄い紙を重ねる

薄い色の紙や薄紙は、型紙の上にのせてえんぴつなどでなぞって写すことができます。のせても透けない紙は、トレーシングペーパーを使って転写しましょう。

その2 型紙をコピーしてホチキス

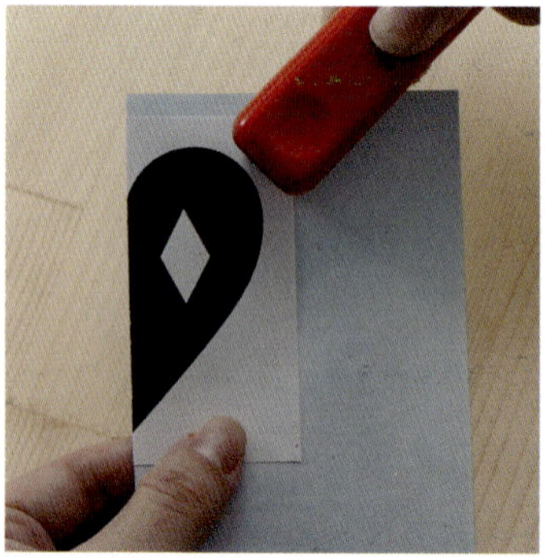

折り紙と型紙のコピーをホチキスでとめ合わせます。型紙が動かないように、何箇所かにホチキスをとめてください。

※型紙を拡大・縮小コピーすることで、好きなサイズで作品を作ることができます。

紙の切り方

型紙のりんかく線に沿って切る際はていねいに。きれいに仕上げるポイントです。

まずは細部から

切り抜く部分や細かい部分は、まえもってカッターナイフで抜いておきましょう。

型紙のりんかく線を切る

紙本体を回しながら切っていくと、きれいに、スムーズに切れます。

紙を開いてできあがり

切り抜き部分や細かい部分が破れないように、ていねいに開きましょう。

第1章

かわいい雑貨いろいろ

この章では、切り紙の素敵な楽しみ方を紹介します。
切り紙は手軽に貼りつけられるので、
身のまわりのものの飾りやデザインにぴったり。
持ちものやインテリアに取り入れて自分らしいおしゃれを楽しんだり、
カードやギフトに貼って人に贈れば、
さらに気持ちが伝わってよろこばれることでしょう。

用途に合わせ
楽しく
デザイン!

ノート&メモ帳飾り

勉強、おけいこ、趣味がもっと楽しくなる、切り紙デザインノートができました!
内容がひと目でわかるようにデコレーションしましょう。

ノートのタイトルをつけたら、それぞれに関係するモチーフで飾るとさらに便利に。

型紙82ページ

たとえば、数学のノートには、えんぴつ、定規などをデコしてみましょう。

ちょっと
おすそわけにも
ひと手間を

プチギフトタグ

お菓子のおすそわけや、ちょっとした贈りもののラッピングに、
切り紙のタグをプラスしてメッセージを添えてみました。

ミニボックス
（市販品）

封筒で
パッケージ

ミニ封筒
（市販品）

切り紙に穴をあけて糸を
通せば、ひも付きタイプ
のタグのできあがり！

型紙を原寸のまま使用してください

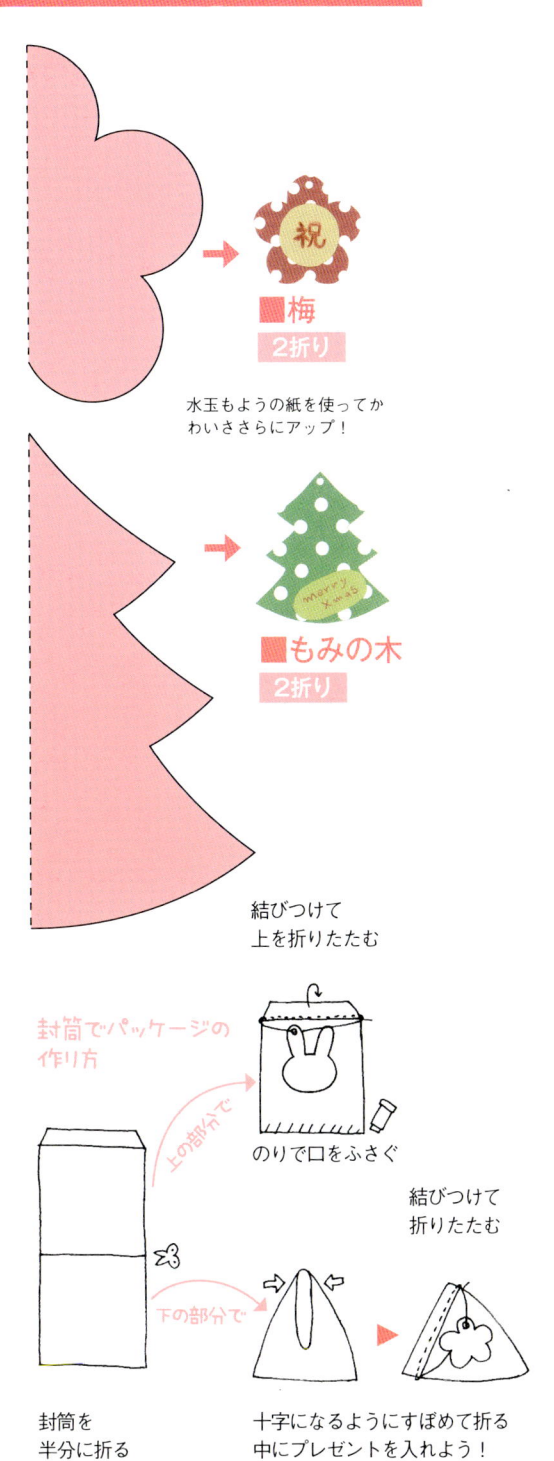

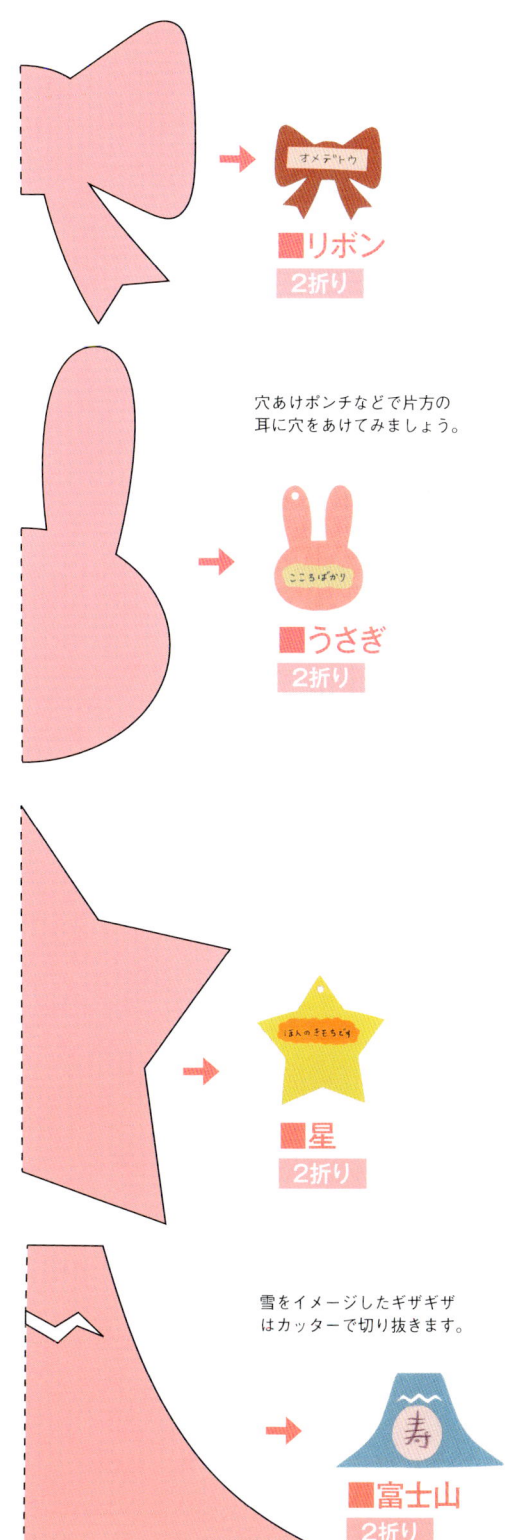

プチギフトタグの型紙

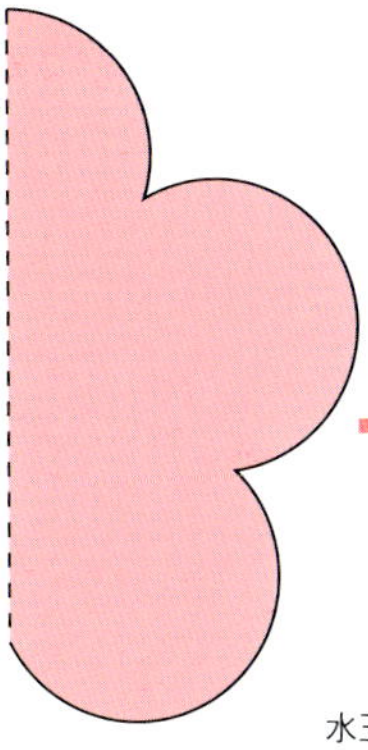

■梅
2折り

水玉もようの紙を使ってかわいさらにアップ！

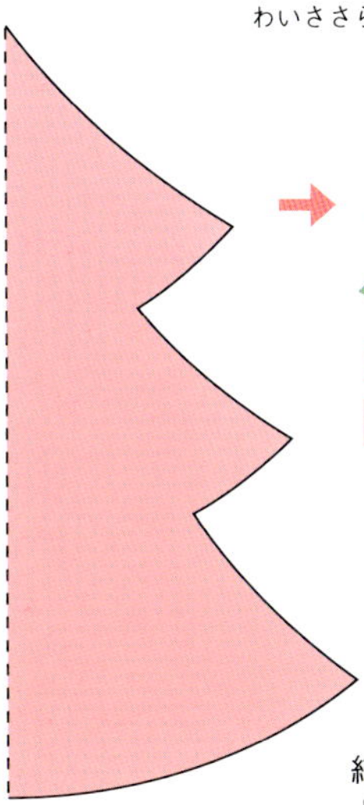

■もみの木
2折り

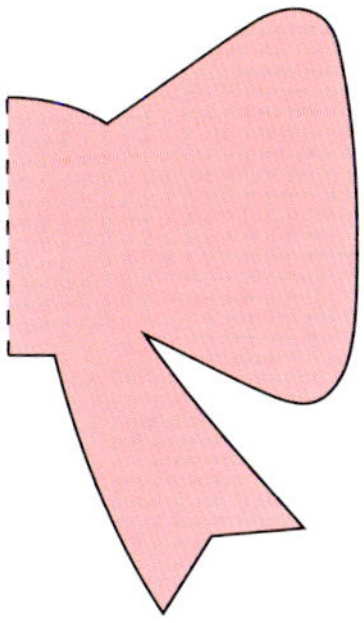

■リボン
2折り

穴あけポンチなどで片方の耳に穴をあけてみましょう。

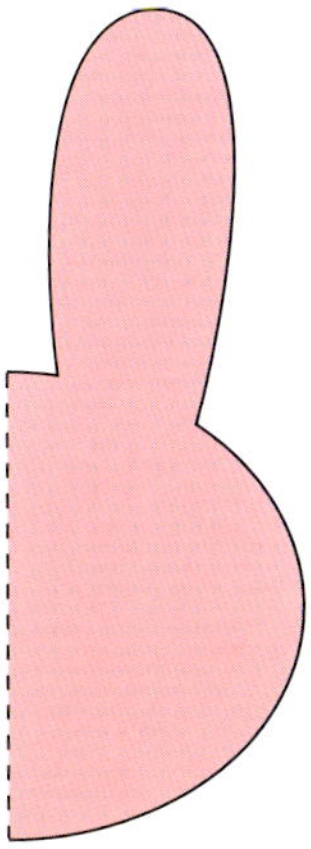

■うさぎ
2折り

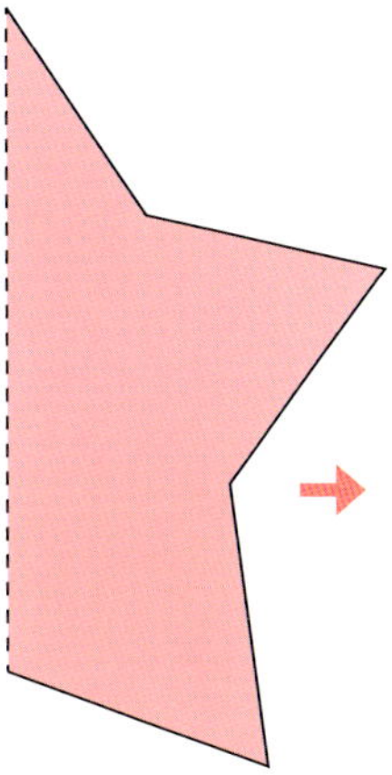

■星
2折り

封筒でパッケージの作り方

結びつけて上を折りたたむ

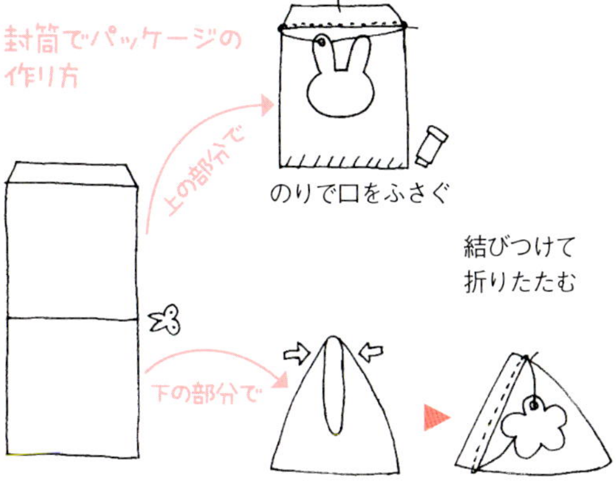

のりで口をふさぐ

結びつけて折りたたむ

封筒を半分に折る

十字になるようにすぼめて折る
中にプレゼントを入れよう！

雪をイメージしたギザギザはカッターで切り抜きます。

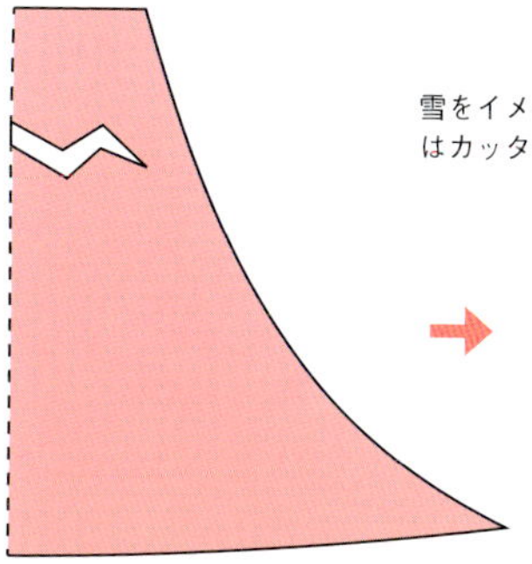

■富士山
2折り

結婚のお祝い

HAPPY WEDDING

ポップアップカードの作り方

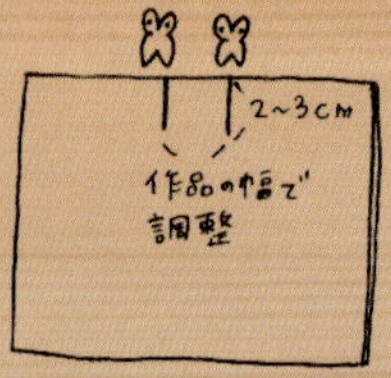
2~3cm
作品の幅で調整

画用紙を２折りにして、輪の方に切りこみを入れる

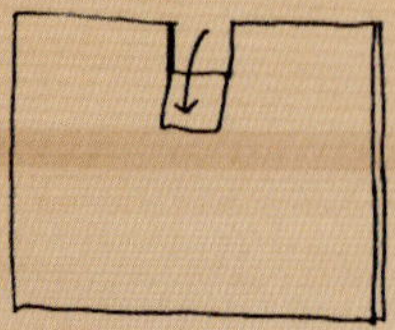

切ったところに折り目をつけておく

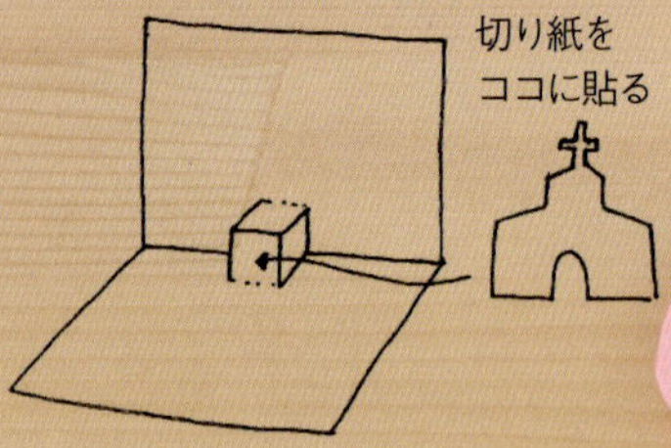
切り紙を
ココに貼る

画用紙をひろげながら、内側に立ち上げる

母の日

Mother's Day
ママへ
いつもありがとう!!

花びらを向かい合わせにおりたたみ、リボンでとめて渡しましょう。

お祝い
メッセージは
手作りで

お祝いカード 1

結婚、出産、母の日、バースデー

結婚や出産のお祝い、お誕生日には、おめでとうの気持ちを切り紙にして、素敵な手作りカードを贈りましょう。

型紙83ページ

お誕生日

メイちゃん
おたんじょうび
おめでとう
出産おめでとう
ございます！
すくすく
元気に育ってね！

出産の
お祝い

大小のお花を重ねて、華やかなカードに仕上げました！

子どもが好きなキュートなモチーフで

お祝いカード 2

入園、入学

子どもたちの入園、入学などのお祝いには、
動物をかわいいキャラクターに仕立てた切り紙がオススメです。

メッセージを書くスペースをあけて、切り紙を貼りつけて。

型紙を原寸のまま使用してください

お祝いカード2の型紙

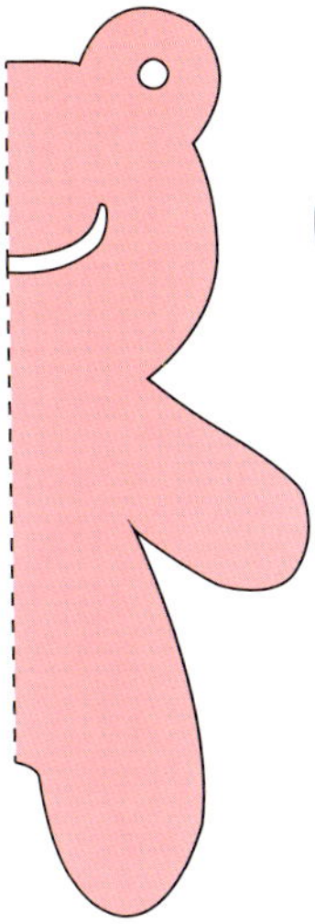

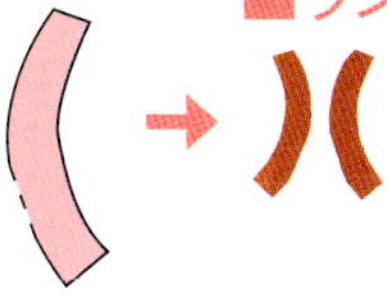

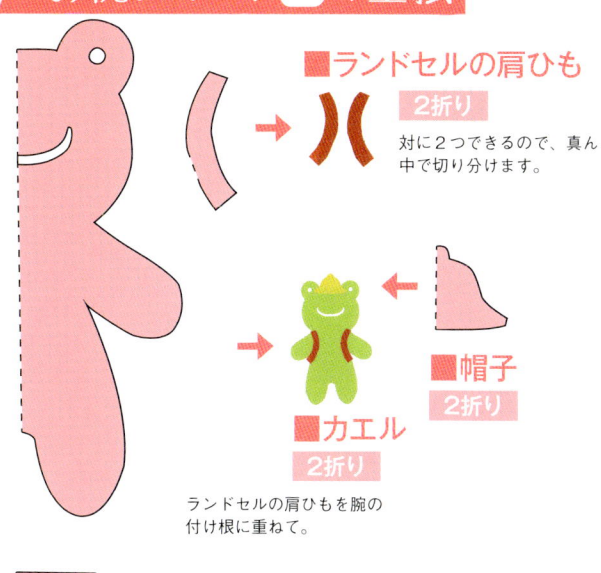

■ランドセルの肩ひも
2折り

対に2つできるので、真ん中で切り分けます。

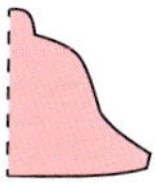

■帽子
2折り

■カエル
2折り

ランドセルの肩ひもを腕の付け根に重ねて。

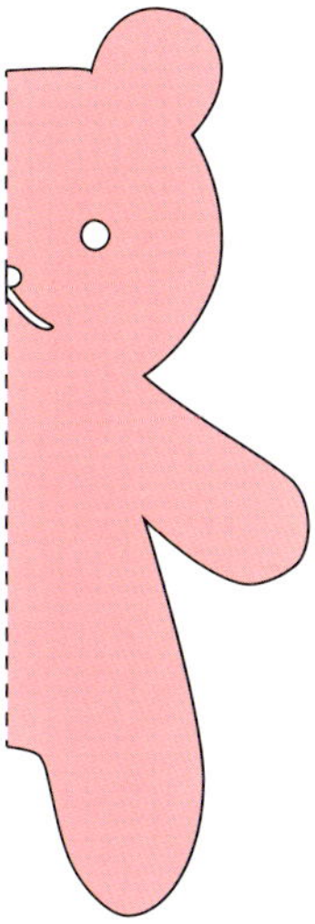

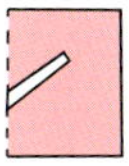

■バッグ
2折り

バッグの肩ひもは同色の紙を細く切って作りましょう。

■クマ
2折り

■ランドセル
2折り

文字盤を切り抜いたら、2折りして針を切り抜きましょう。

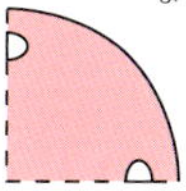

■時計
4折り

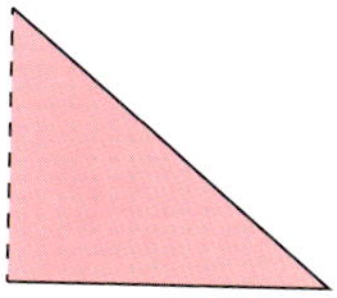

■校舎の屋根
2折り

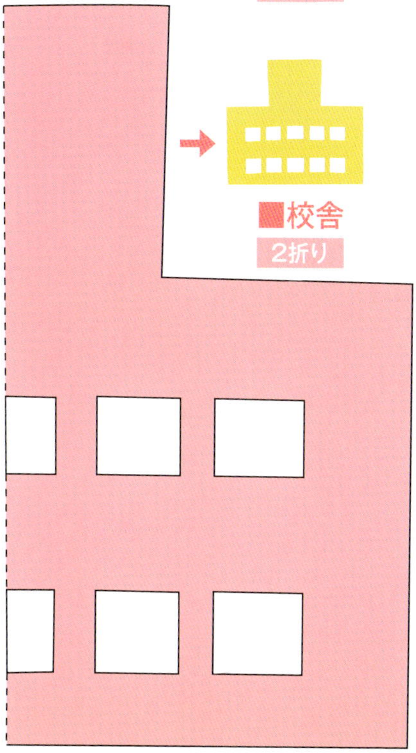

■校舎
2折り

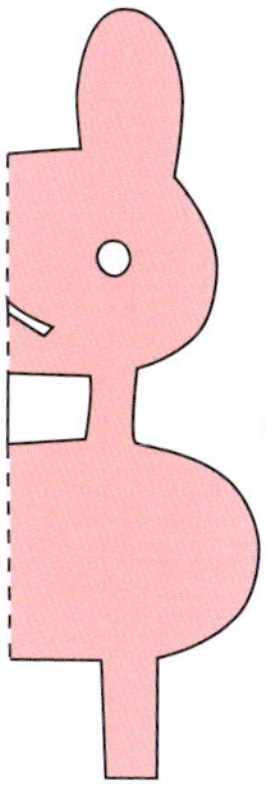

■うさぎの椅子
2折り

■雲
2折り

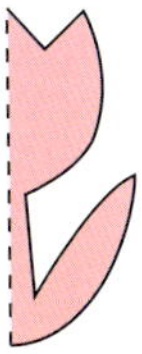

■チューリップ
2折り

■さくら
10折り

アーチ型フレーム

アーチ型窓フレーム

切り紙で
北欧風
インテリアに

壁飾り＆フォトフレーム

少し大きめの切り紙を壁に貼りつけたら、おしゃれなインテリアになりました！
フレームにお気に入りの写真を入れて飾ってもステキです。

窓が開くように、切り紙にカッターナイフで切り込みを入れます。

家フレーム

型紙84ページ

エッフェル塔

エッフェル塔や街路樹などは、並べただけで絵になるモチーフ。

窓フレーム

ネコは別に作っておいてあとで入れます。

四角い窓フレーム

紙皿のへりに、切り紙を一枚ずつ貼りつけていきます。

べったり貼らずに、ふんわり浮かせましょう。

お部屋を彩る
ロマンチック
オブジェ

お花のリース

きれいな色の蝶や花を連ねて、美しいリースをつくりました。
プレゼントにもよろこばれます。

型紙を原寸のまま使用してください

お花のリースの型紙

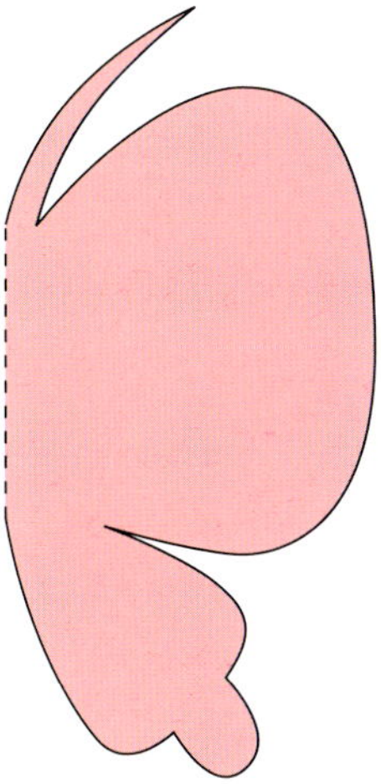

■蝶1
2折り

触覚は細く繊細なので、小さなハサミで切ると◎。

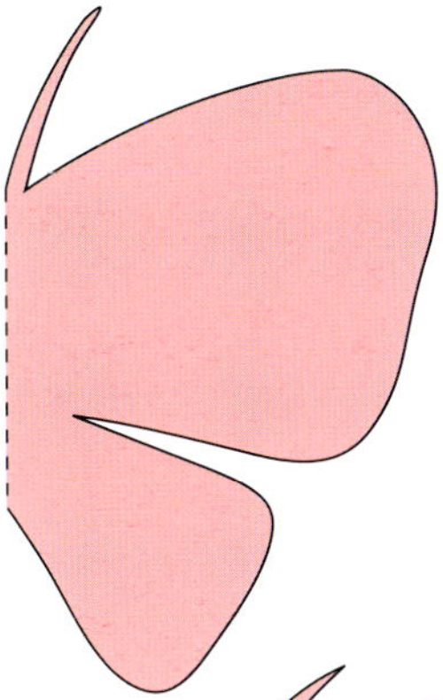

■蝶2
2折り

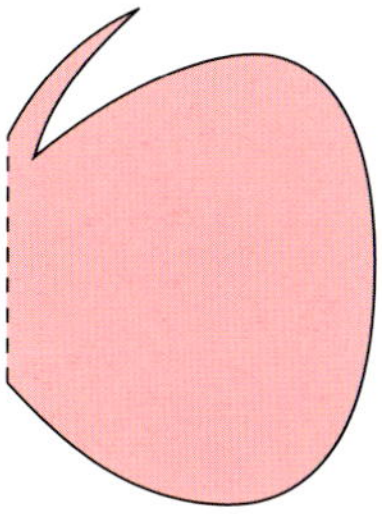

■蝶4
2折り

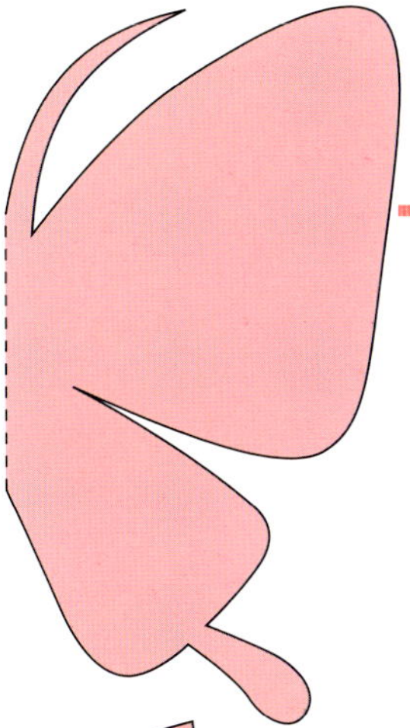

■蝶3
2折り

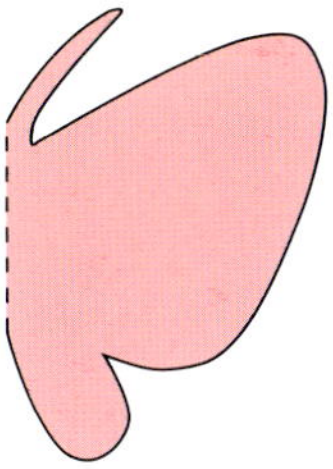

■蝶5
2折り

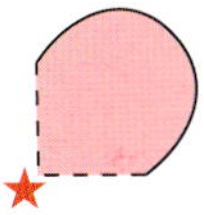

■クローバー1
4折り

花の中心に小さな丸を貼りましょう。

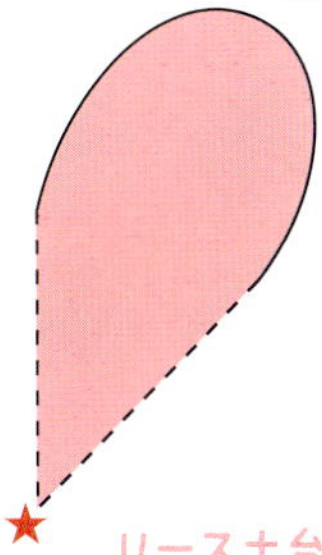

■花1
8折り

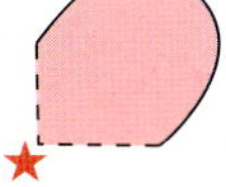

■クローバー2
（花にもなります）
4折り

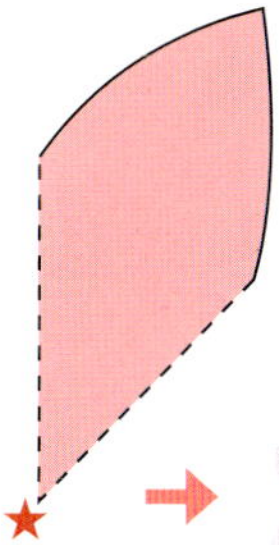

■花2
8折り

リース土台の作り方

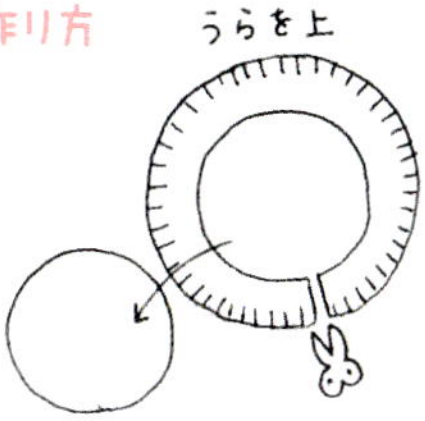

紙皿の
真ん中を切り抜く

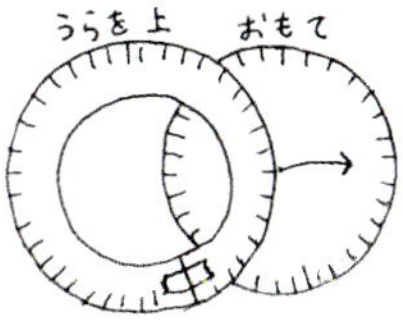

切り抜いた紙皿のうら側を上にして、もう一枚の上に重ねる

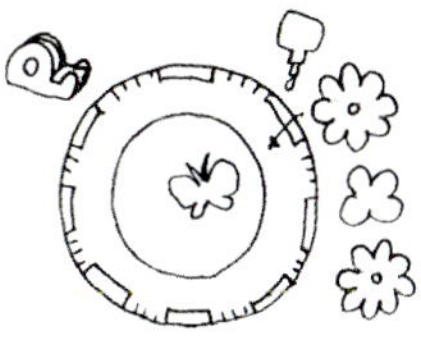

セロハンテープかホチキスでふちをとめ接着剤や両面テープでお花をつける

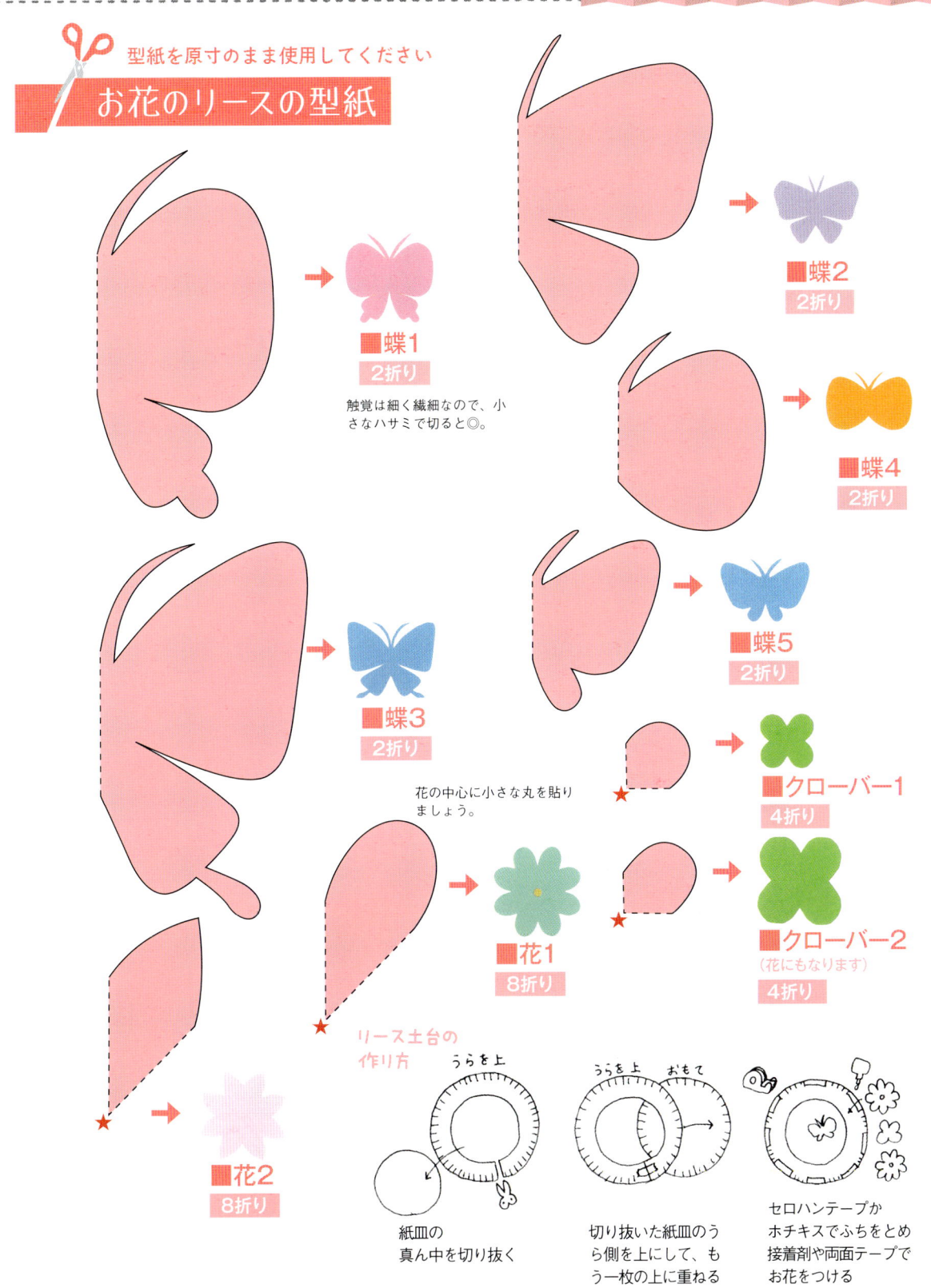

お元気ですか?

ネコの顔以外のパーツを切り紙で作り、おもしろいポーズに変身！

遊び心満載で
思わず
笑っちゃう！

おもしろポストカード

写真と切り紙を組み合わせた、
ユニークなカード。
もらった人も、思わずクスリ(笑)！

HELLO!!

メダルの中にネコの顔写真を入れて。今にも飛び出してきそうな感じに。

型紙85ページ

ネコの目の上にハートのメガネを重ねたら、おしゃれなポストカードになりました。

宇宙飛行士の顔の中に、自分の顔写真を貼ってみてもおもしろいかもしれません。

オリジナルラベル

オシャレなラベルで見せる収納

ビンや小箱など、細々したものにラベルを貼って、
かわいくスッキリ整理整頓しちゃいましょう。

ラベルは濃い色と薄い色でサイズをひとまわり変えて作り、重ねるのがポイント。

オリジナルラベルの作り方

しっかりのりで貼り合わせる

両面テープでビンや箱に貼る

型紙を150%に拡大して使用してください

オリジナルラベルの型紙

■蜂のラベル
2折り

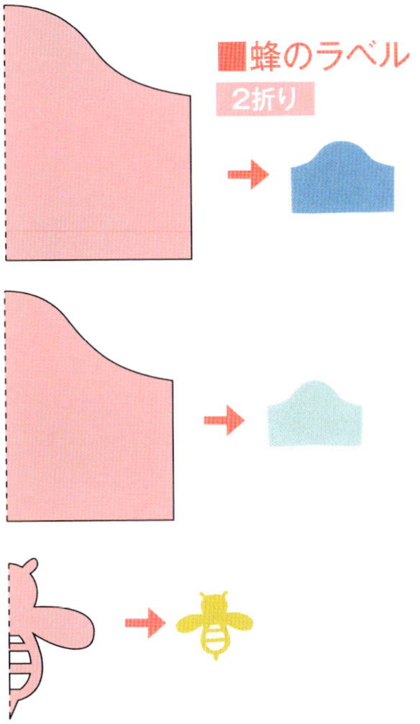

■コーヒー豆のラベル
2折り

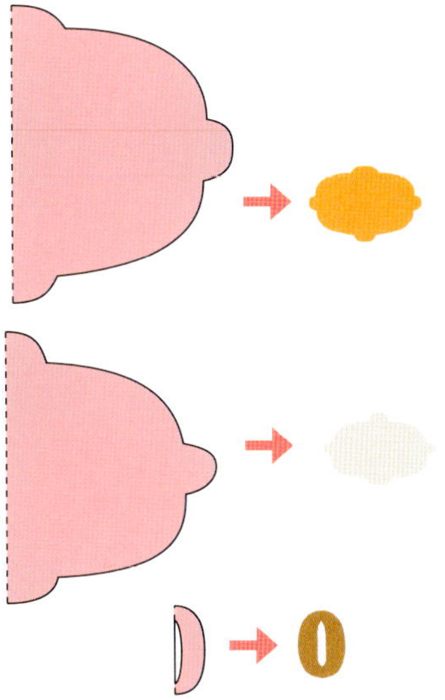

■ユリのラベル
2折り

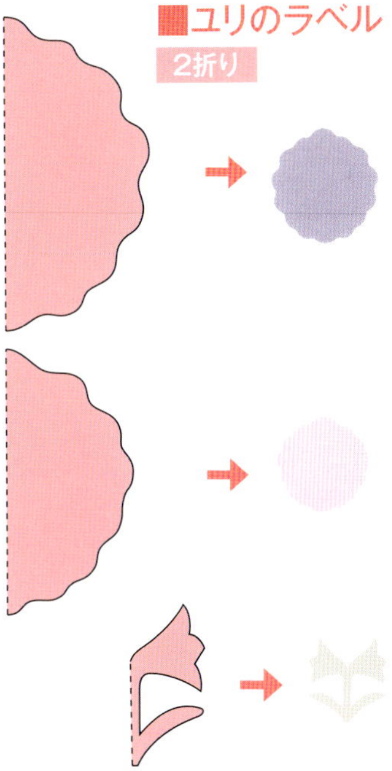

■さくらんぼのラベル
2折り

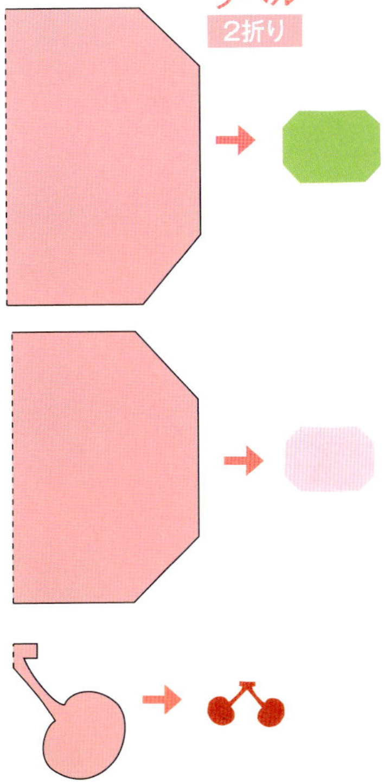

■いちごのラベル
2折り

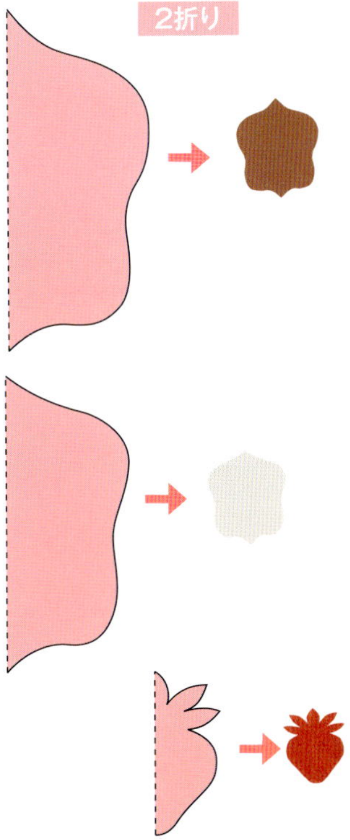

■かぶのラベル
2折り

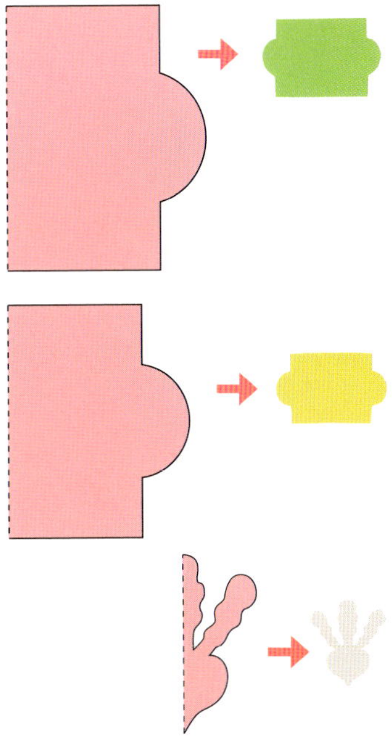

切り抜いたあとの紙もかわいいのです

切り紙を型どおりに切り抜いたら、
あまった紙もとっておきましょう。
切り紙と一緒に並べたり
色紙を重ねたりすると、
切り紙の楽しみ方も増えますよ。

切り抜いたあとの紙を、無意識に捨ててしまいがちですが、切り抜かれた紙もまた、かわいいんです。作品と一緒に並べると、絵から飛び出したように生き生きとして見えますよ。

切り抜かれた紙の下に色紙や柄紙を敷いてみましょう

切り抜かれた紙の下に、違う色の紙や柄紙を敷いてみましょう。型から別の色や柄がのぞくと、オシャレでしょ？

第２章

ようこそ！わたしの休日

この章の主人公、
「わたし」こと、マリーちゃんの"休日"に密着！
彼女の一日の素敵なワンシーンを、
切り紙で作ってみました。
キッチンまわり、コスメ、スイーツなど、
女心をくすぐるキュートな切り紙をたくさん紹介します。

いつもより
少しゆっくりの
お目覚め

おはよう

キラキラした朝の光がさしこむ、ベッドルームを作りました。
フリルがかわいいナイトウエアや寝具で、スイートな雰囲気に。

型紙86ページ

のんびり
つかって
リフレッシュ

バスタイム

清潔感のある真っ白なバスルームで
優雅な時間を♪
シャワーカーテンは柄ものの紙で
ポイントになるように！

型紙を125%に拡大して使用してください

バスタイムの型紙

■蛇口
2折り
■トイレ
2折り
■カーテン
2折り
■洗面台
2折り
トイレの下に水色の紙
を敷いて、中にたまっ
ている水を表現します。
■シャワー
2折り
■しずく1･2
2折り
フレームの上に鏡を
重ねて。ハートに抜
いた部分には赤い紙
を敷きましょう。
■鏡フレーム
2折り
■鏡
2折り
■泡
2折り
■シャンプー
2折り
■バスタブ
2折り
女の子の型紙は
P86 を参照。
■バスマット
2折り

手作りの
朝ごはんで
ヘルシーに

朝食

シンクやオーブンなどはシンプルな形なのでカンタン！
小物は細かい切り込みを入れて、本物らしさを出すのがコツ。

型紙87ページ

今日は
どんな
髪型にする?

ヘアメイク

ウィッグやアクセサリーで髪型を自由に変えてみましょう。
毛先はギザギザや波形に切って、動きを出してみて。

型紙を125%に拡大して使用してください

ヘアメイクの型紙

■ティアラ
2折り

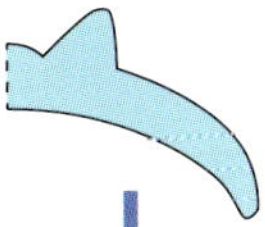

■カチューシャ
2折り

■メガネ
4折り

つるが4本できあがるので、下の2本を切り落としましょう。

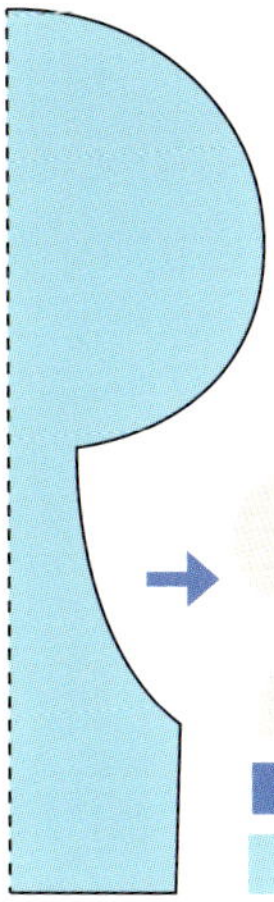

■マネキン
2折り

前髪にカッターで切り込みを入れましょう。

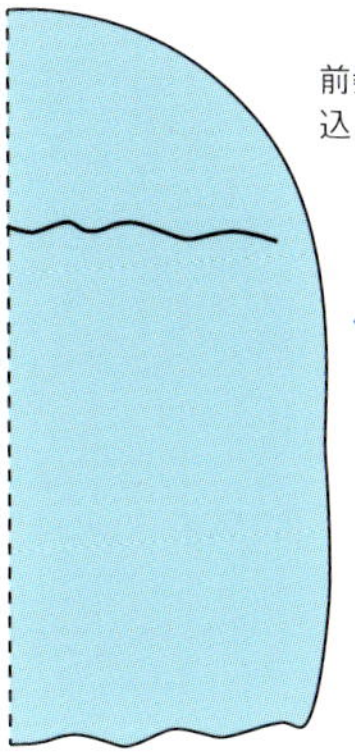

■ロング
2折り

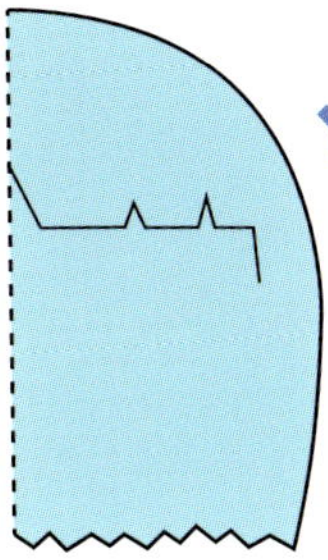

■ボブ
2折り

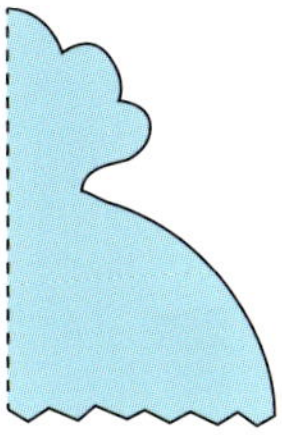

■おだんご
2折り

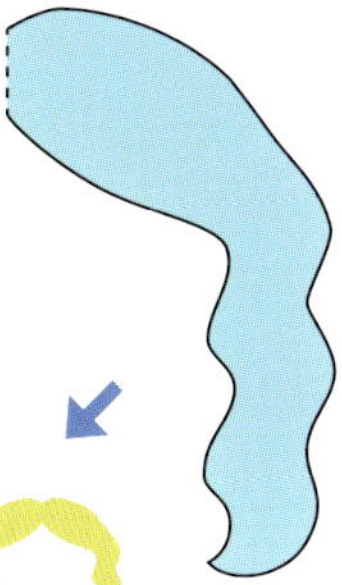

■ウェーブ
2折り

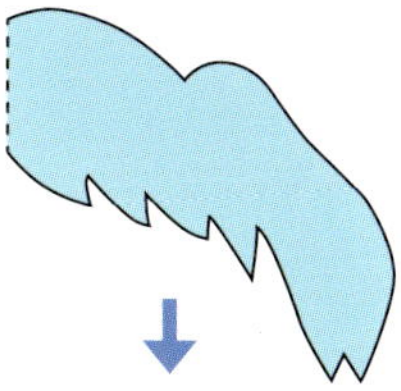

■ツインテール
2折り

■リボン
2折り

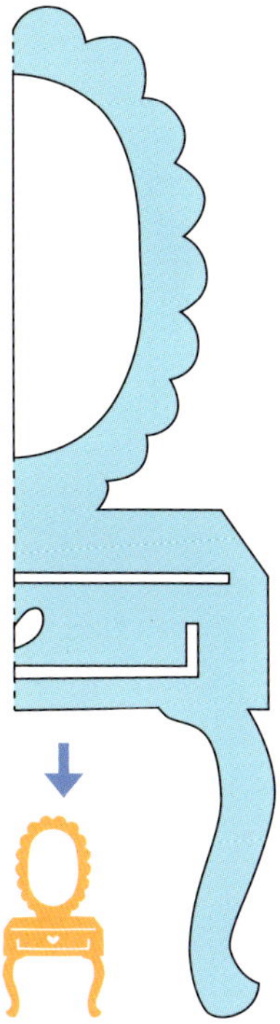

■ドレッサー
2折り

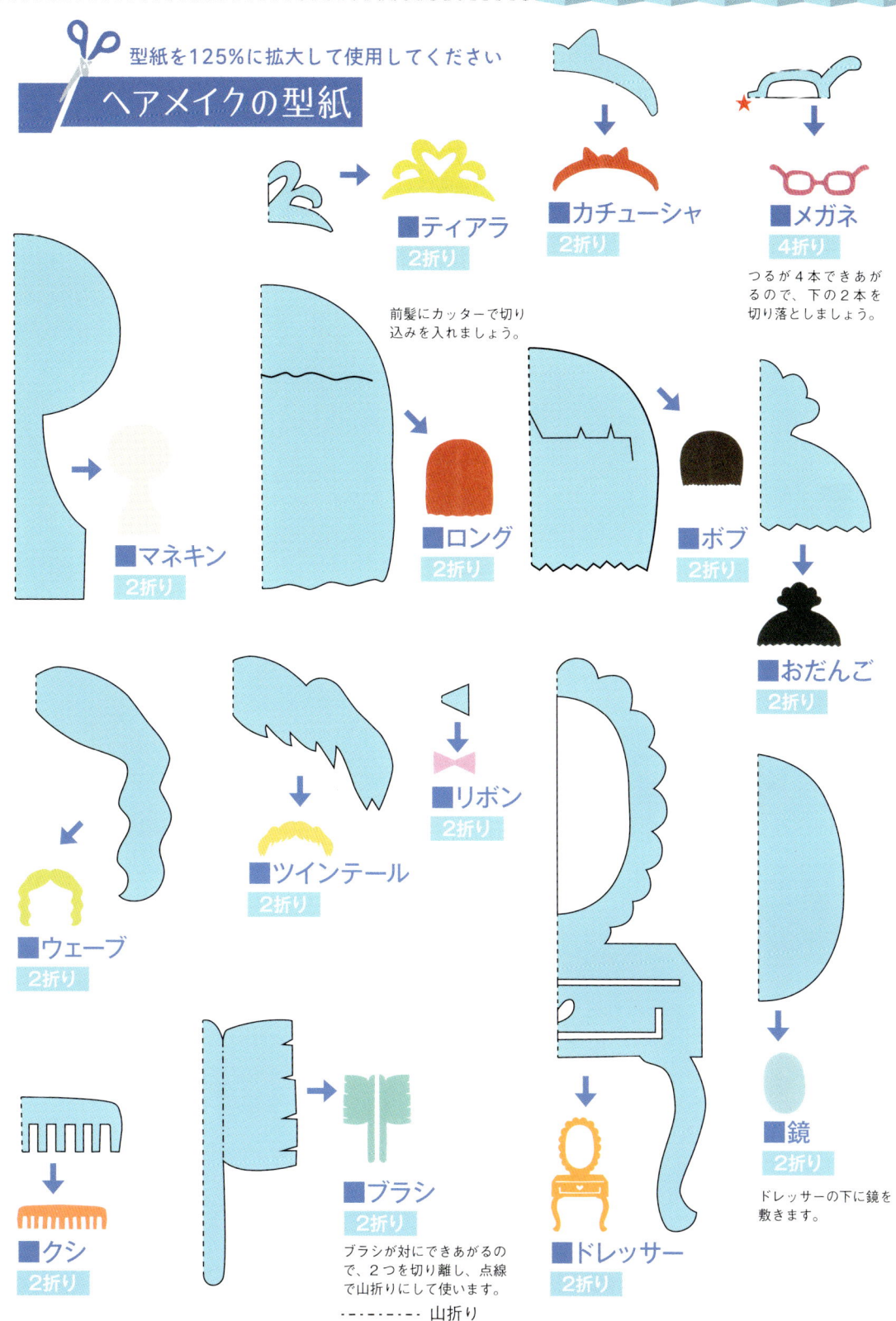

■鏡
2折り

ドレッサーの下に鏡を敷きます。

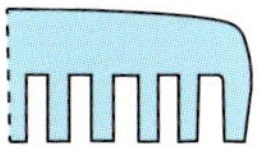

■クシ
2折り

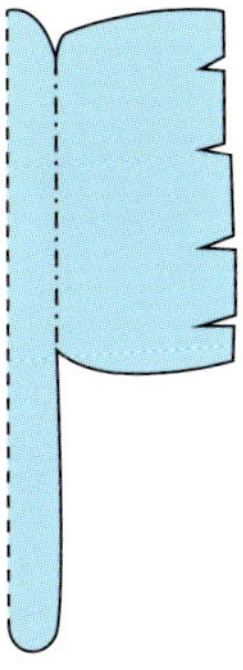
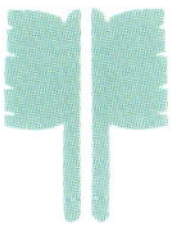

■ブラシ
2折り

ブラシが対にできあがるので、2つを切り離し、点線で山折りにして使います。

- - - - - - - - 山折り

休日メイクには
遊び心を
プラス♡

メイクアップ

色を形もさまざまな、見た目にもかわいいコスメグッズ。
細かくはさみを入れてディテールに凝って作ってみました。

型紙を125%に拡大して使用してください

メイクアップの型紙

■手鏡
2折り
フレームの下に鏡を
敷くようにします。
■手鏡
フレーム
2折り
■リップ
2折り
■マスカラ
2折り
■ナイト
クリーム
2折り
■化粧水
2折り
切り抜いた部分の下
に水色の紙を敷いて。
■マニキュア
はけ
2折り
■メイク
ブラシ
2折り
■ボトル1
2折り
■ボトル2
2折り
■マニキュア1
2折り
■コンパクト
4折り
■美容
クリーム
2折り
■鏡
2折り
■香水
2折り
■マニキュア2
2折り
クシの型紙は
P37を参照。
■パフ
2折り
コンパクトの上の丸
の下に鏡をしき、パ
フは下の丸にのせる
ようにしましょう。

あれこれ選んで迷っちゃう!

お着がえ

女の子の体のサイズに合わせて服を作りましょう。
好きな色や柄の紙で切って、自分好みのデザインを楽しんで！

型紙88ページ

今日はどこに行こうかな

おでかけ

メイクして着がえたら、おでかけしましょう！
フリルの屋根がかわいいおうちには、
小さな洗濯物を干しました。

ベランダの手すりや物干などは、あまった切れ端で作りましょう。

型紙を125%に拡大して使用してください

おでかけの型紙

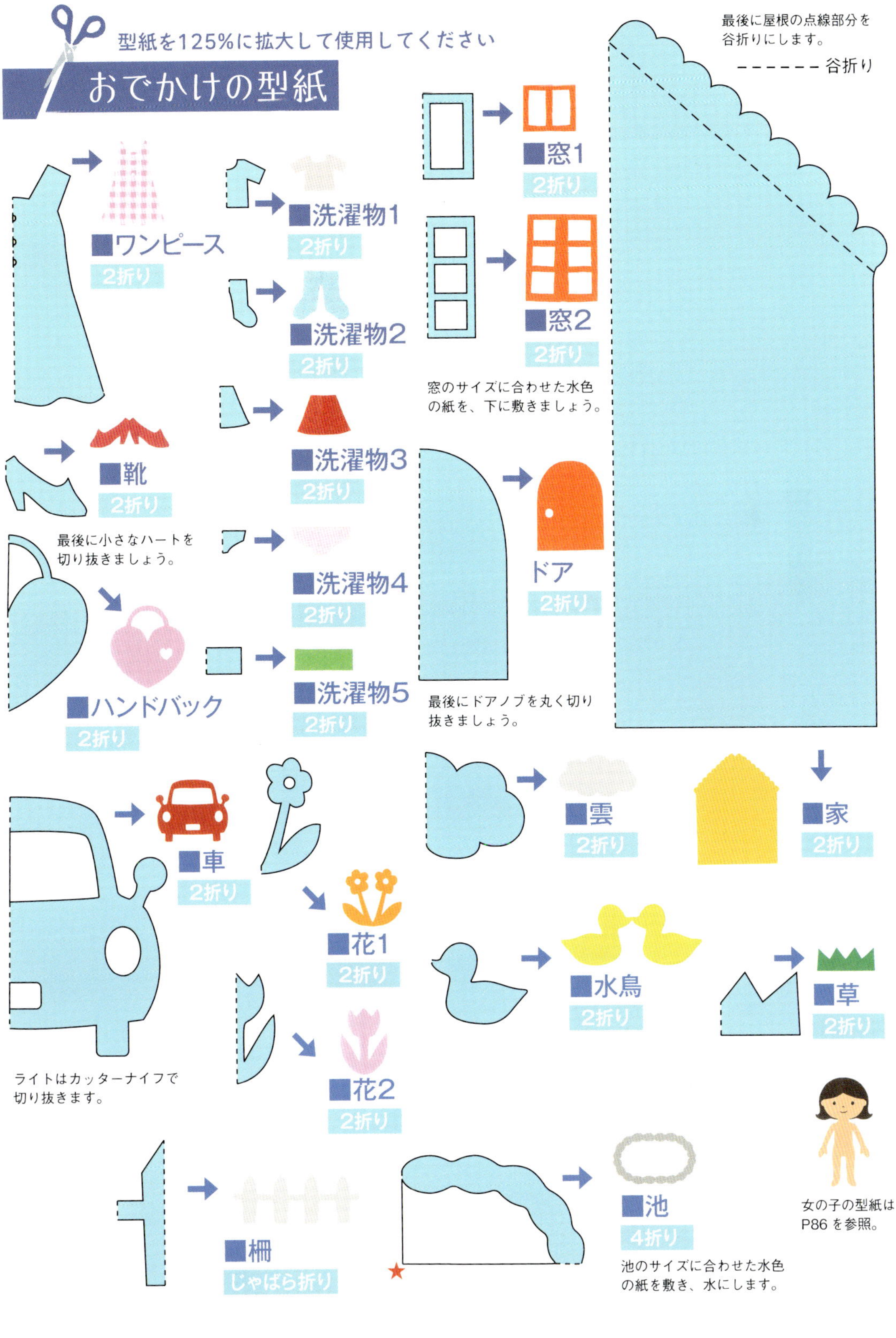
■ワンピース
2折り
■洗濯物1
2折り
■洗濯物2
2折り
■洗濯物3
2折り
■洗濯物4
2折り
■洗濯物5
2折り
■靴
2折り
最後に小さなハートを切り抜きましょう。
■ハンドバック
2折り
■窓1
2折り
■窓2
2折り
窓のサイズに合わせた水色の紙を、下に敷きましょう。
ドア
2折り
最後にドアノブを丸く切り抜きましょう。
最後に屋根の点線部分を谷折りにします。
谷折り
■家
2折り
■雲
2折り
■車
2折り
ライトはカッターナイフで切り抜きます。
■花1
2折り
■花2
2折り
■水鳥
2折り
■草
2折り
■柵
じゃばら折り
■池
4折り
池のサイズに合わせた水色の紙を敷き、水にします。
女の子の型紙はP86を参照。

話題のカフェで
自分に
ごほうび♪

カフェ

パステルカラーのスイートな世界へようこそ。
小さなスイーツを色ちがいでいくつも作ると、
ほら、かわいいでしょ。

型紙89ページ

スイーツの形は曲線が多いので、紙を回しながらゆっくりと切っていきましょう。

私だけの
癒やし
スポット

ペットショップ

ほのぼの癒やしてくれるペットたちを作りました。
横向きだと、2匹がキスしているみたいでとてもキュート♡

型紙を原寸で使用してください

ペットショップの型紙

■うさぎ2
2折り

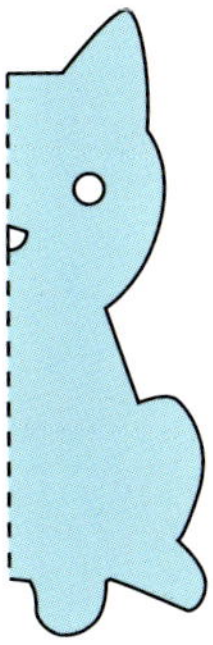

■ネコ1
2折り

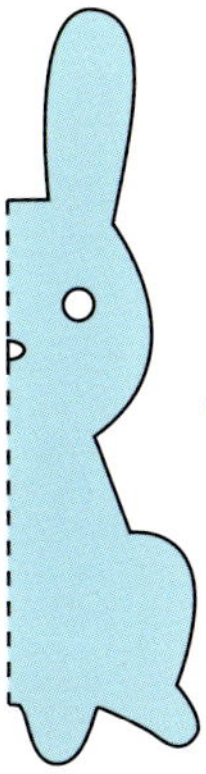

■うさぎ1
2折り

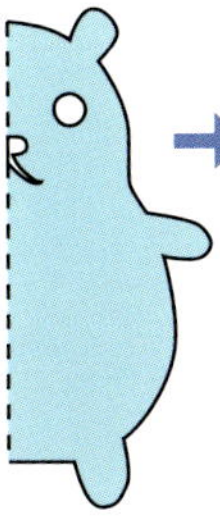

■ハムスター
2折り

■プードル
2折り

開くと２匹に。耳や胴体に切り込みを入れてモコモコ感を出しましょう。

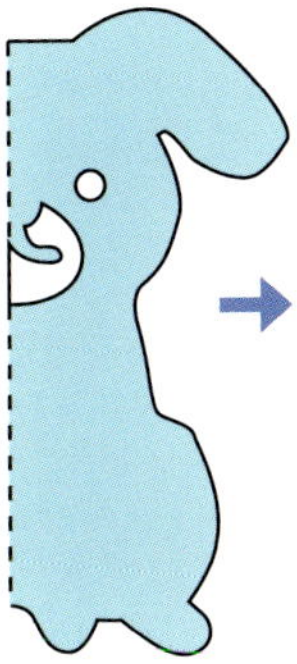

■イヌ
2折り

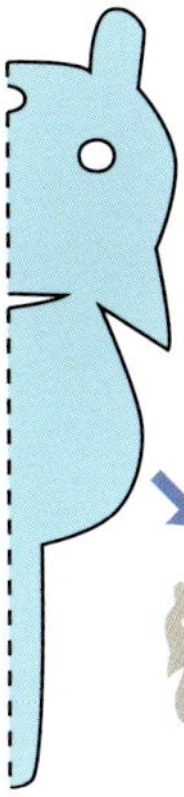

■ネコ2
2折り

首の後ろに切り込みを入れると、頭と体の境が表せます。

■カメ
2折り

■イヌ2
2折り

お気に入りのお店の新作をチェック

ショッピング

女性が夢中になるファッション小物、
バッグと帽子をお買い物。
柄紙をうまく使って、
バリエーションを増やしてみても。

型紙90ページ

にぎやかに
飾って
祝いましょ

お友だちの誕生日

三角フラッグや大きなケーキ、キュートな風船を飾って、
大好きなお友だちによろこんでもらいましょう。

型紙91ページ

街のあかりが
とっても
ロマンチック

夜の街並み

夜の街は黒い紙で
シルエットを作って表現しましょう。
黄色やオレンジのあかりが
キーカラーになってステキでしょ？

型紙を125%に拡大して使用してください

夜の街並みの型紙

切り抜いた部分からのぞくあかりは、黄色やオレンジの紙を敷いて表現しましょう。

■街並み
じゃばら折り
■星
2折り
■月
2折り

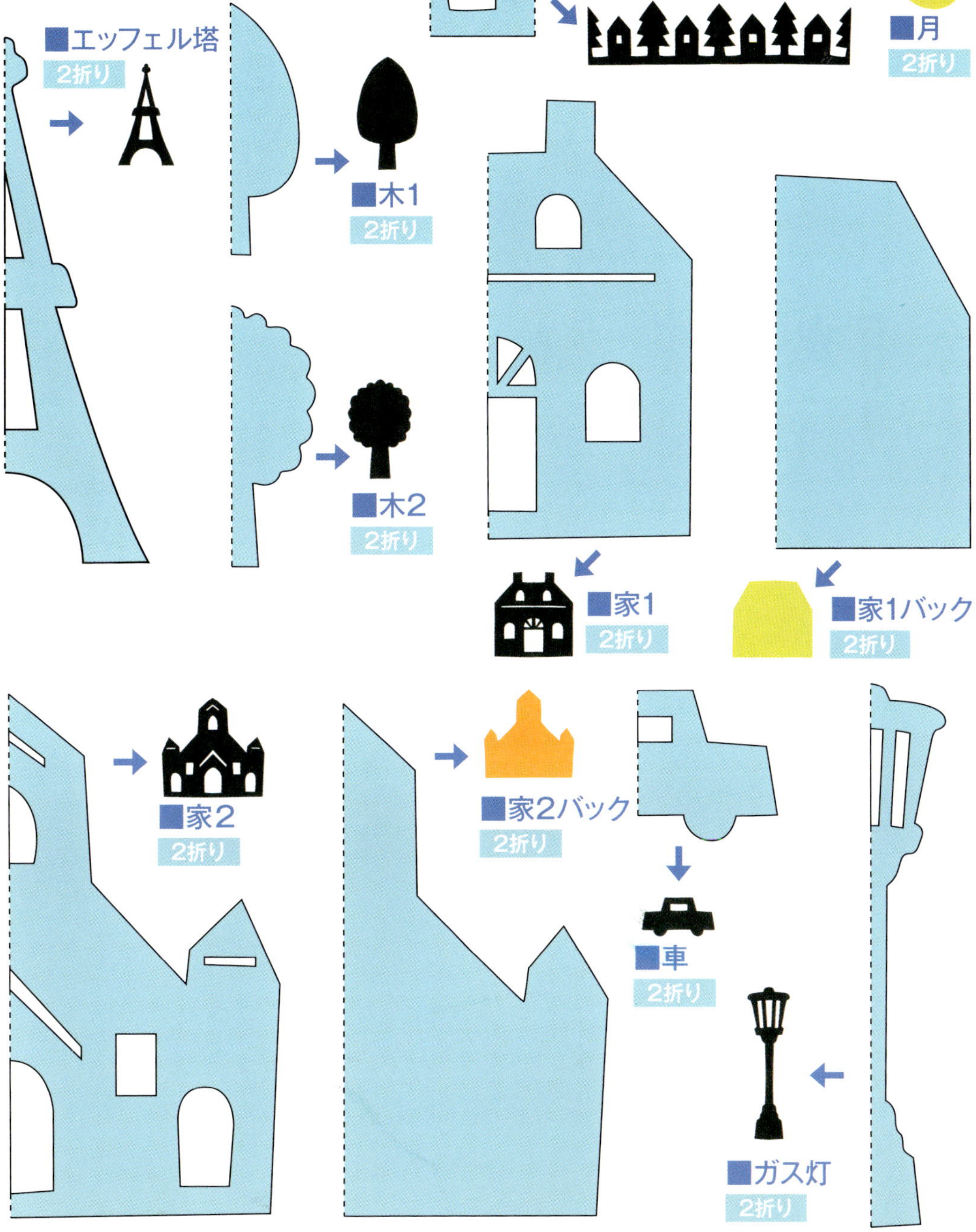
■エッフェル塔
2折り
■木1
2折り
■木2
2折り
■家1
2折り
■家1バック
2折り
■家2
2折り
■家2バック
2折り
■車
2折り
■ガス灯
2折り

マリーちゃんの着せかえコレクション

服、靴、ウィッグなどを変えてみてね。

第2章に出てきた「わたし」ことマリーちゃんは、
ファッションやヘアスタイルを
チェンジすることができます。
着せかえして遊んでみましょう。

A

B

C

D

E

A　デートで好印象♡ファッション
ハット▶ P49　髪の毛▶ P30　ワンピース▶ P40
下着、ブーツ▶ P41

B　結婚パーティーでドレスアップ
髪の毛▶ P30　カチューシャ▶ P36　ワンピース、ケープ、ベルト、パンプス▶ P41　バッグ▶ P40

C　お友だちとショッピングスタイル
ウィッグ、リボン▶ P36　ジャンパースカート▶ P40　ブーツ▶ P41　バッグ▶ P48

D　美術館めぐりでアート気分
ベレー帽▶ P49　ウィッグ、メガネ▶ P36　下着、ニット、デニムパンツ、パンプス▶ P41

E　西海岸風バケーションスタイル
ウィッグ、カチューシャ▶ P36　ブラウス、スカート、ブーツ▶ P41　キャリーバッグ▶ P48

※CとEは、顔の下に茶色の紙を敷いています。

第3章

季節のイベントに

季節の風物詩や、
行事やイベントに関係するモチーフも、
切り紙ならとってもかんたんに作ることができます。
四季の移り変わりの美しさを改めて実感したり、
いつもの行事がより楽しくなることでしょう。

華やかな春を切り紙で表現

お花見

いろいろな形のお花や蝶を切って、春の風景を作りました。
紙を和柄にすれば、さらに日本っぽい仕上がりに。
お花見のお誘いカードに添えても素敵です。

Spring

型紙92ページ

お花見パーティーの
お知らせ

蝶で飾った招待状を送りましょう。蝶の中心にだけのりをつけて、羽が浮くように貼るとステキです。

ひなまつりも
チョキチョキ
楽しく

ひなまつり

ひな飾りも、切り紙だったらとってもかんたん♪
お人形のまわりにいくつかのひな道具を並べれば、
楽しい雰囲気が出せます。

型紙を原寸のまま使用してください

ひなまつりの型紙

■おひなさま
2折り

顔まわり、手、着物のラインは、カッターで切り込みましょう。

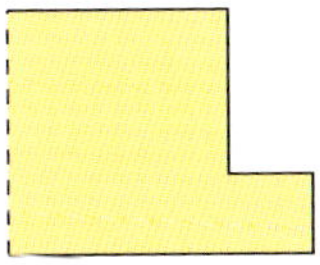

■鉢
2折り

■木
4折り

■さくらの花
2折り

木の上にのせましょう。

■橘の果実
2折り

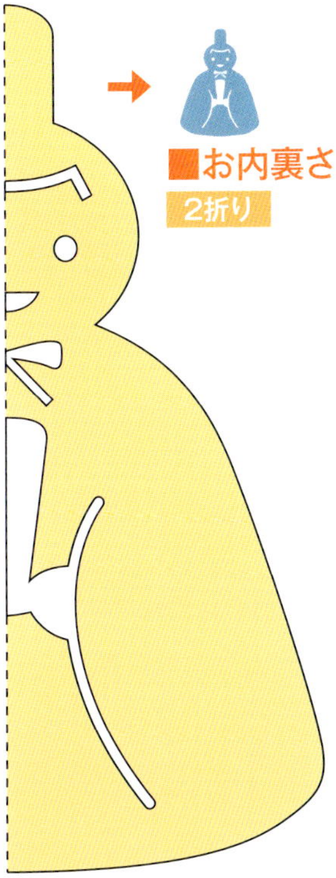

■お内裏さま
2折り

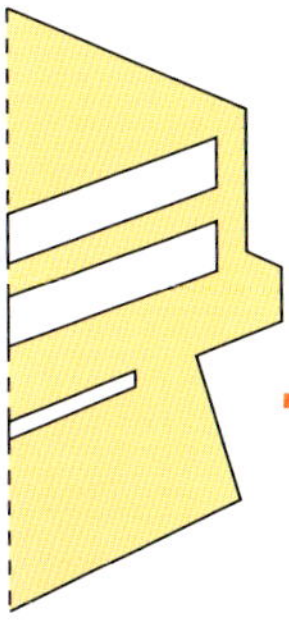

■菱餅
2折り

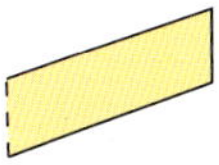

緑と白の紙で２つ作り、菱餅の下に敷きましょう。

■緑の菱餅
2折り

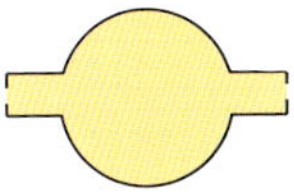

■吊るし飾り1
じゃばら折り

■吊るし飾り2
2折り

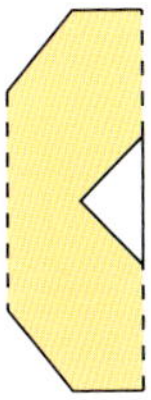

■毛せん
じゃばら折り

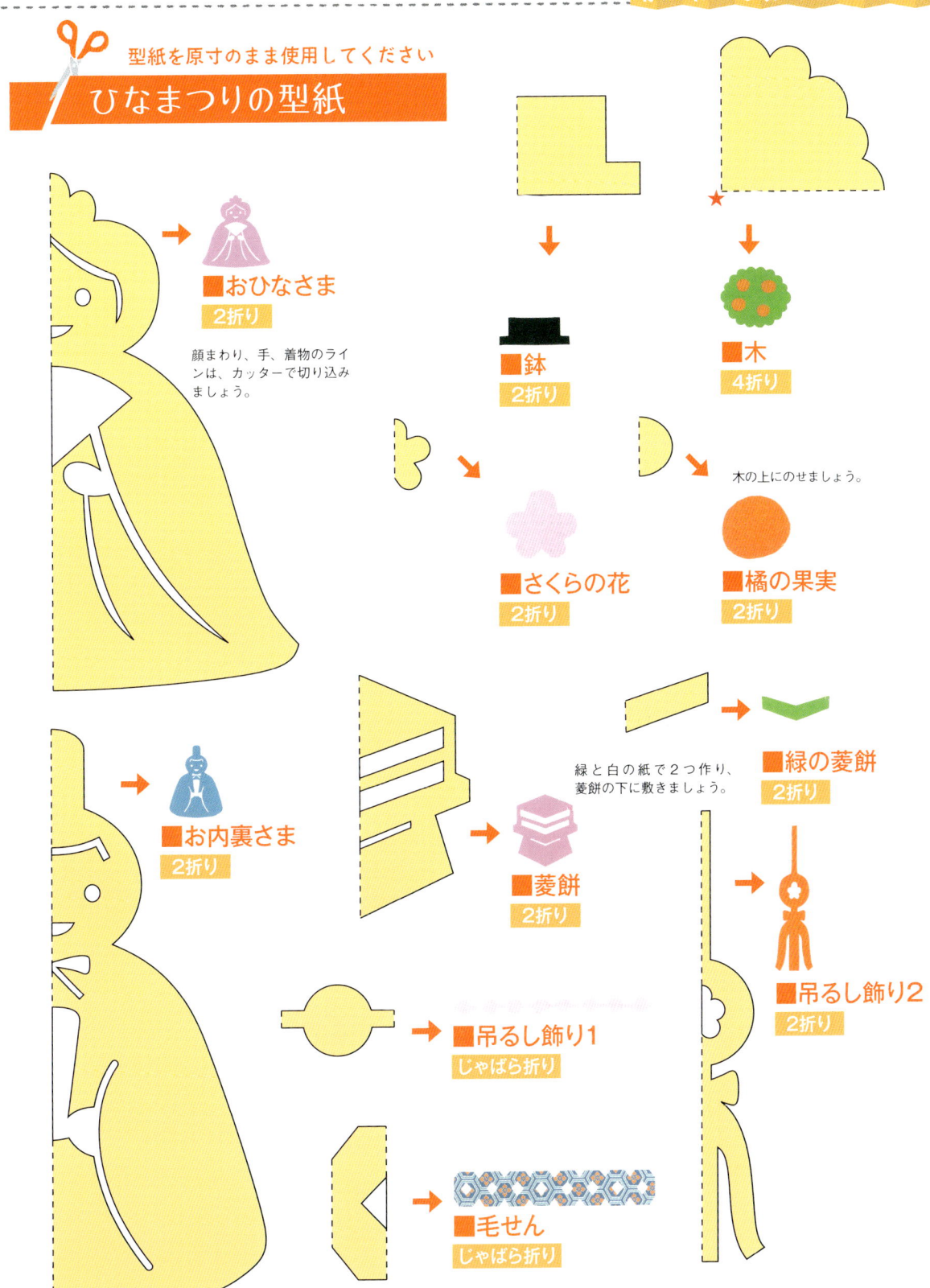

ポールは紙を細長く切りましょう。

子どもの
すこやかな
成長を願って

こどもの日

色とりどりの鯉のぼりや、元気いっぱいの金太郎やクマをモチーフに、
子どもたちの成長を祝いましょう！

型紙を125%に拡大して使用してください

こどもの日の型紙

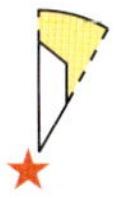

■矢車

12折り

■金太郎

2折り

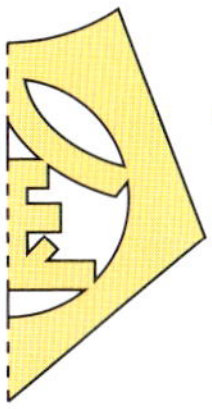

■前掛け

2折り

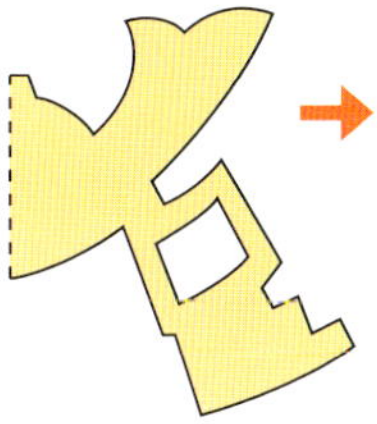

■兜1

2折り

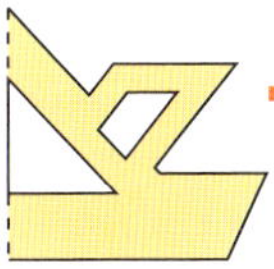

■兜2

2折り

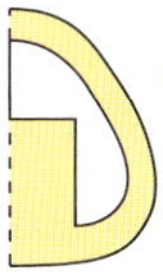

■おにぎりの枠

2折り

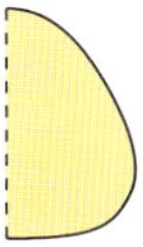

■おにぎりのバック

黒い枠の下に敷きます。

2折り

それぞれの鯉のぼりでうろこの形が変わります。

■真鯉

2折り

■緋鯉

2折り

■子鯉

2折り

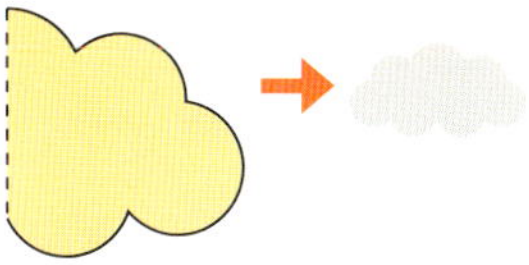

■雲1·2

2折り

■鳥

2折り

■クマ

2折り

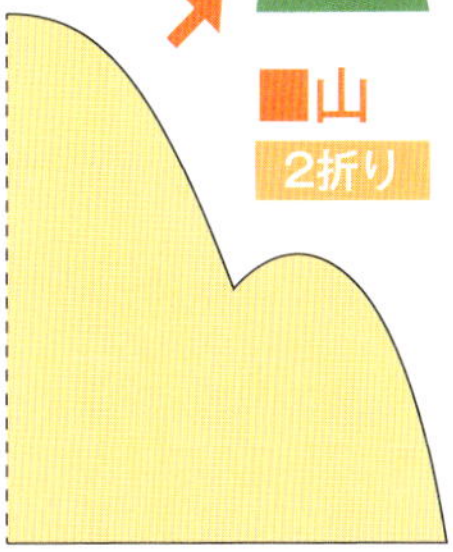

■山

2折り

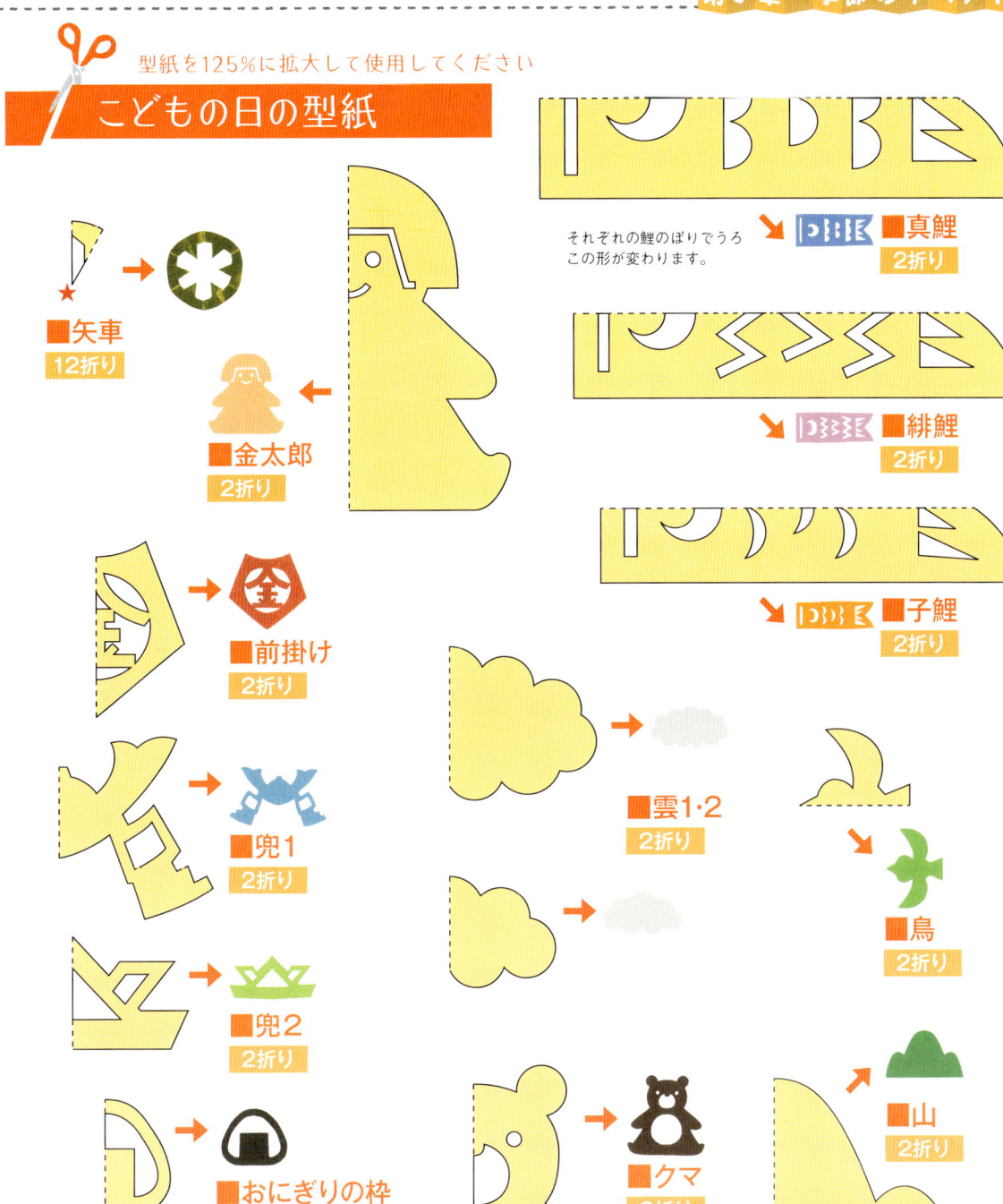

さわやかな
夏のモチーフ
大集合

夏の風物詩

スイカや金魚、うちわなど、
夏を感じさせるモチーフを
切ってみましょう。
さらに、水色などをチョイスして、
暑さに負けない清涼感を
表しましょう。

毎日暑いね！
お元気ですか？

暑中お見舞い
申し上げます。

型紙93ページ

金魚鉢の中でゆったり泳ぐ金魚の姿がとても涼しげ。水草のグリーンも効いています。

Summer

今にも
涼しげな音が
聞こえてきそう

風鈴

風鈴は日本特有の夏のモチーフ。
薄い和紙や涼しげな色味を選ぶと、
「涼」の雰囲気が表せます。

型紙を150%に拡大して使用してください

風鈴の型紙

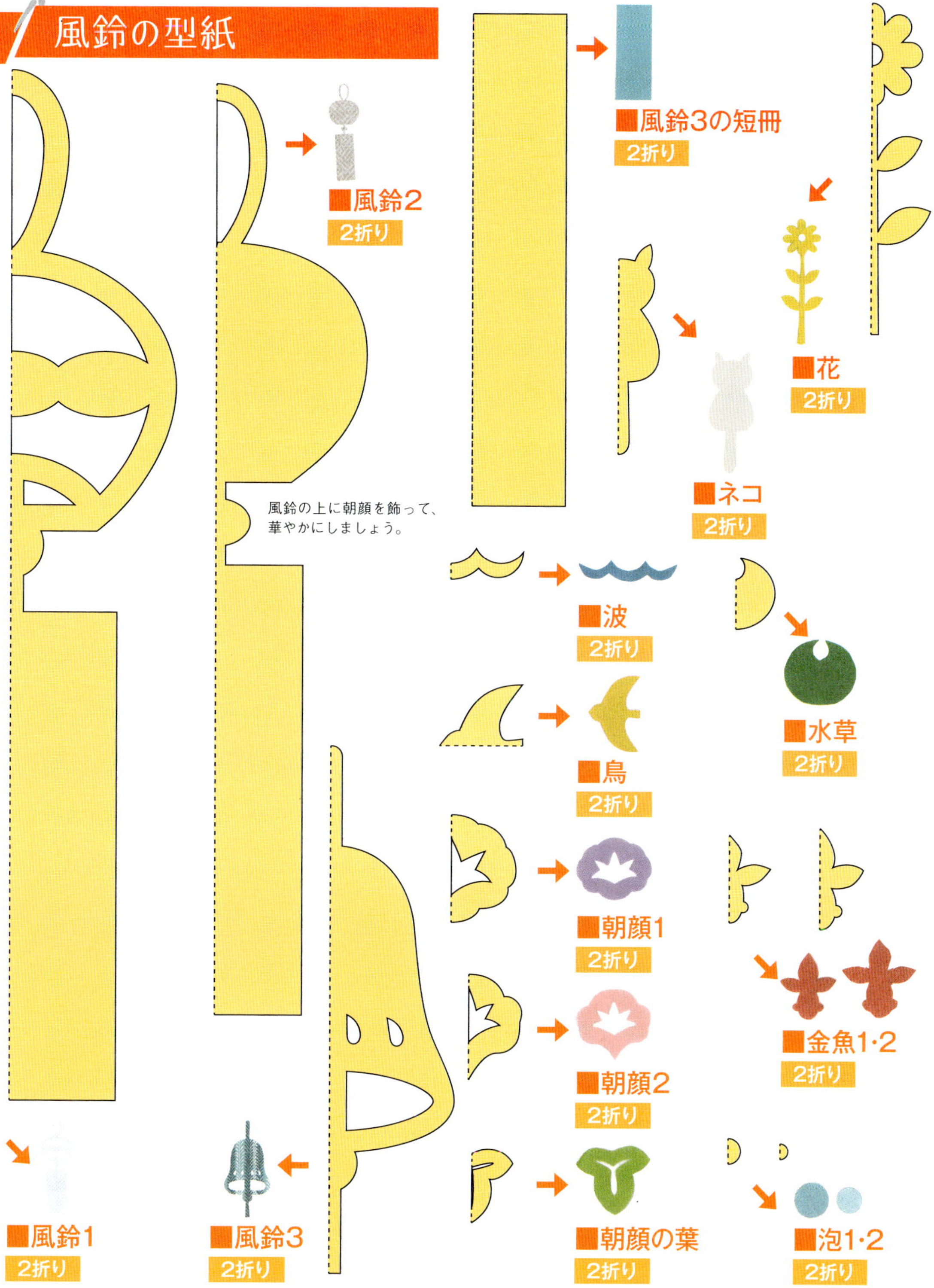
■風鈴2
2折り
■風鈴3の短冊
2折り
■花
2折り
■ネコ
2折り
風鈴の上に朝顔を飾って、
華やかにしましょう。
■波
2折り
■水草
2折り
■鳥
2折り
■朝顔1
2折り
■金魚1·2
2折り
■朝顔2
2折り
■風鈴1
2折り
■風鈴3
2折り
■朝顔の葉
2折り
■泡1·2
2折り

满点の星空に
願いを込めて

七夕

おり姫とひこ星の物語に想いをはせ、
切り紙を作ってみませんか。
短冊に願いごとを書いたら、笹の葉に飾りましょう。

型紙を原寸のまま使用してください

七夕の型紙

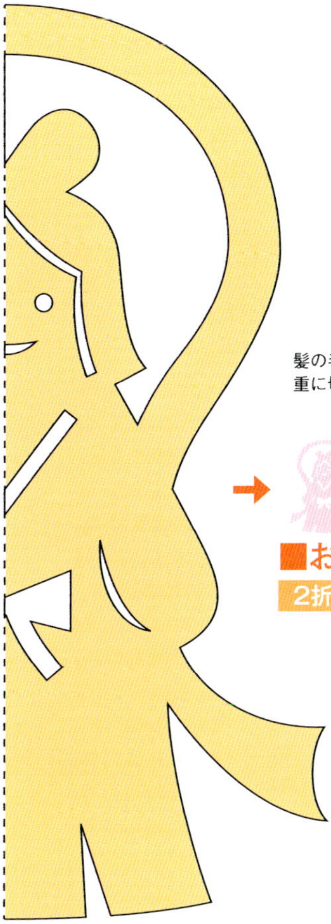

髪の毛や着物のラインは慎重に切りましょう。

■おり姫
2折り

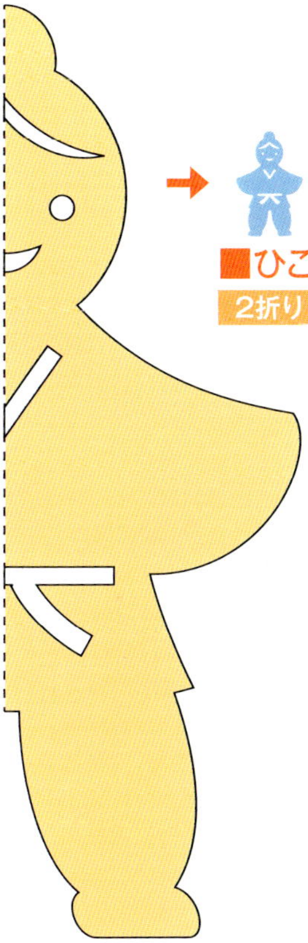

■ひこ星
2折り

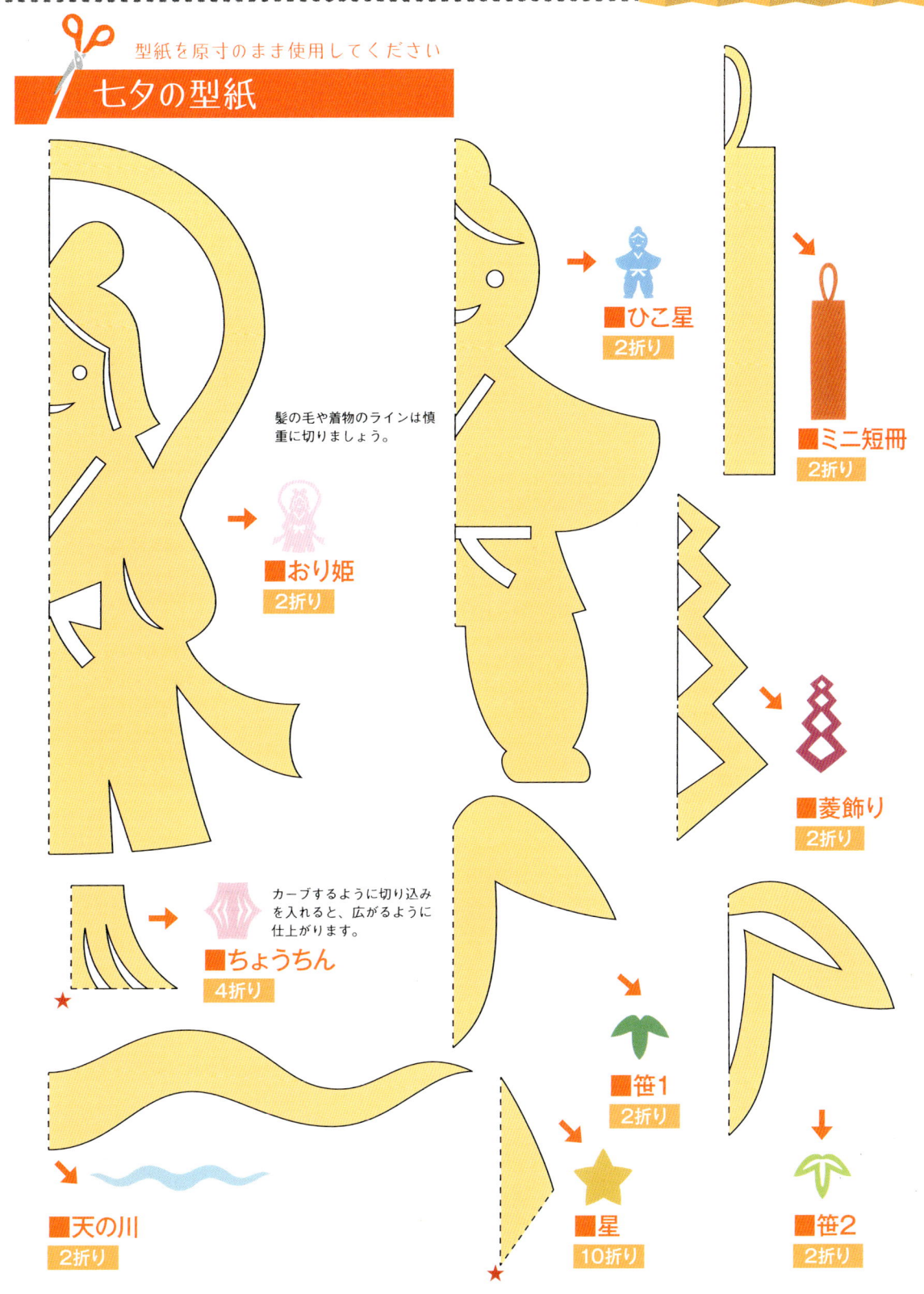

■ミニ短冊
2折り

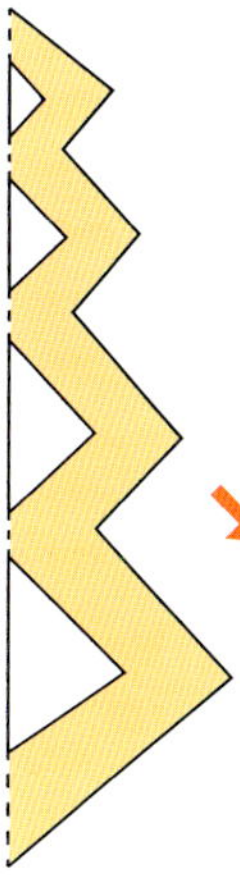

■菱飾り
2折り

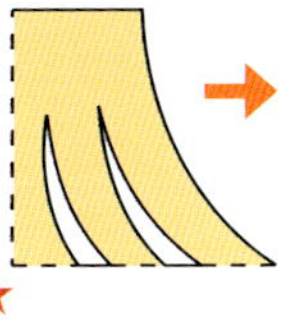

カーブするように切り込みを入れると、広がるように仕上がります。

■ちょうちん
4折り

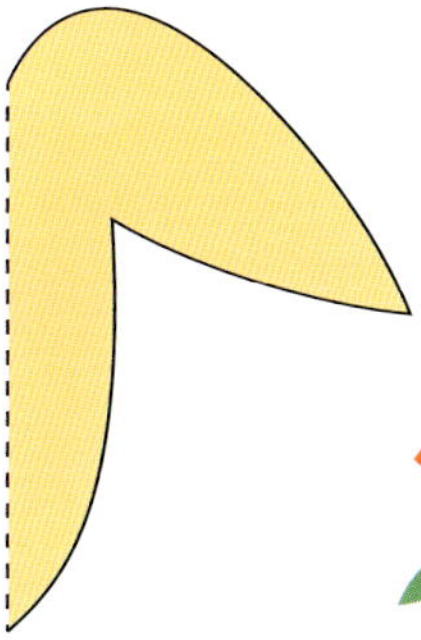

■笹1
2折り

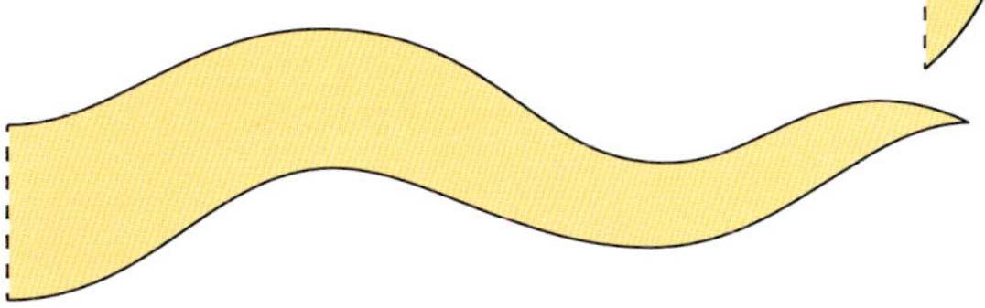

■天の川
2折り

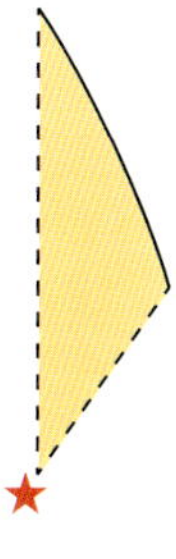

■星
10折り

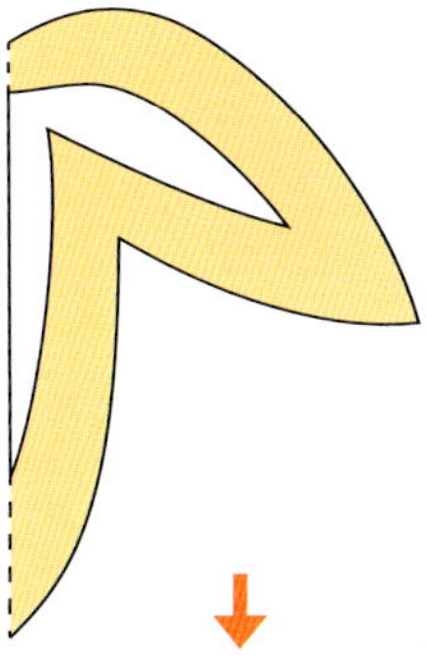

■笹2
2折り

和柄の紙で
幻想的な夜に

お月見

大きなお月さまは、餅つきうさぎのシルエットを切り抜きました。
薄紙や和柄の紙を使うと雰囲気よく表現できます。

Autumn

山は、和柄の紙を山形に２枚切って、重ねます。

型紙94ページ

黒と
オレンジで
ミステリアスに

ハロウィン

ユニークでキュートなおばけたちで
ハロウィンパーティーを盛り上げましょう。
カードはもちろん、パーティー会場のインテリアにも！

型紙を原寸のまま使用してください

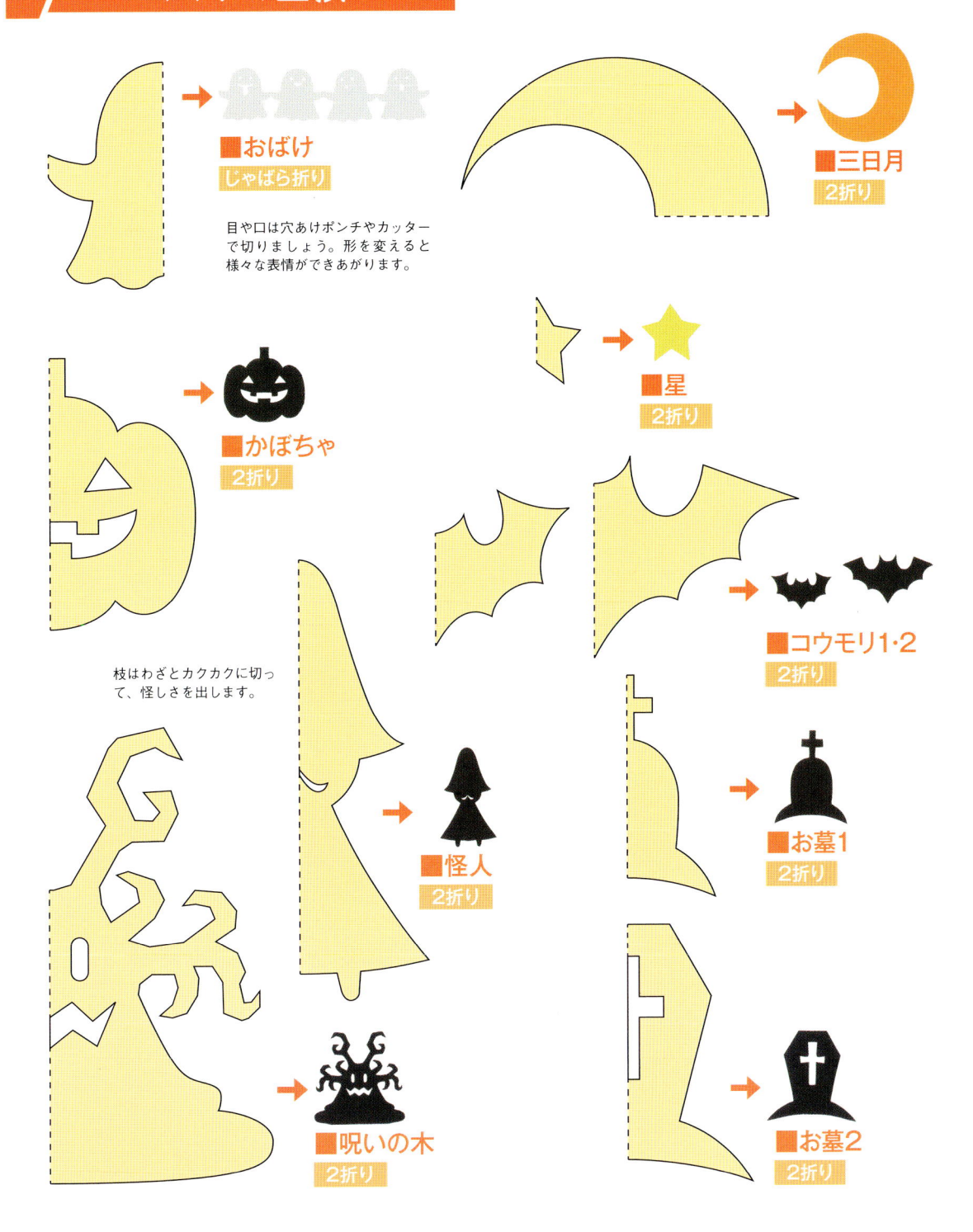

ハロウィンの型紙

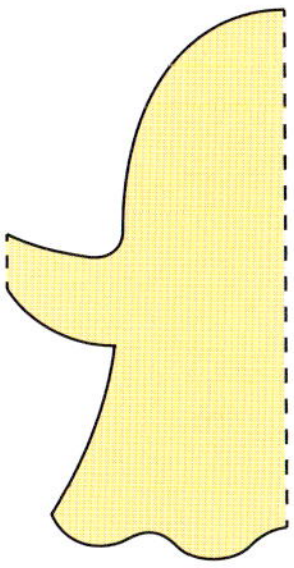

■おばけ

じゃばら折り

目や口は穴あけポンチやカッターで切りましょう。形を変えると様々な表情ができあがります。

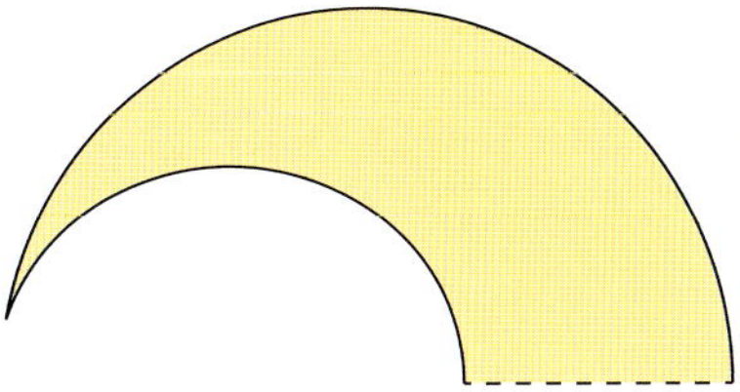

■三日月

2折り

■星

2折り

■かぼちゃ

2折り

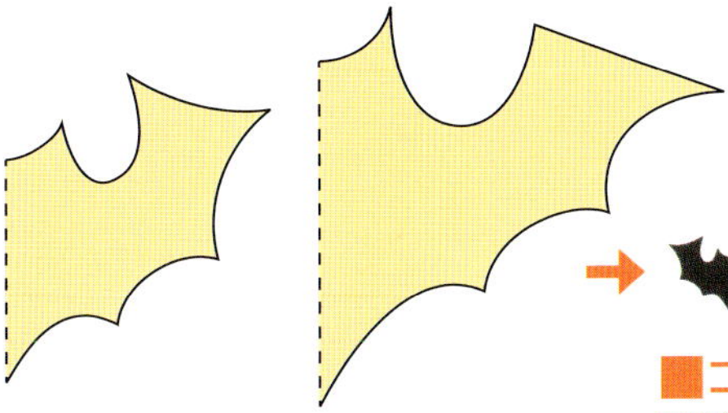

■コウモリ1·2

2折り

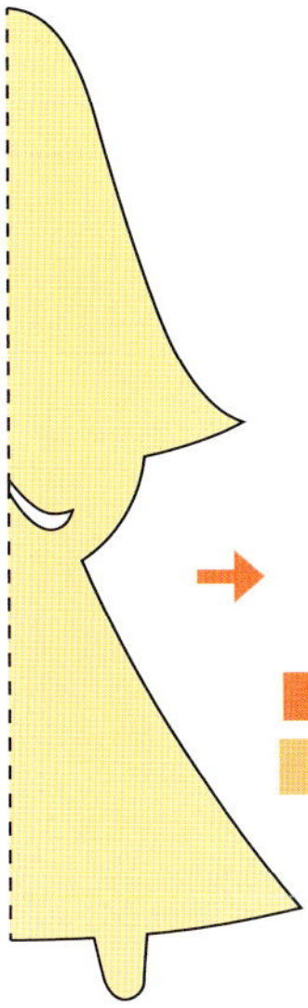

■怪人

2折り

枝はわざとカクカクに切って、怪しさを出します。

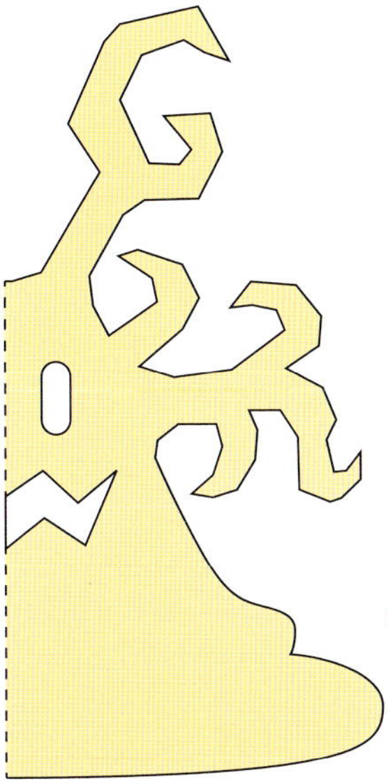

■呪いの木

2折り

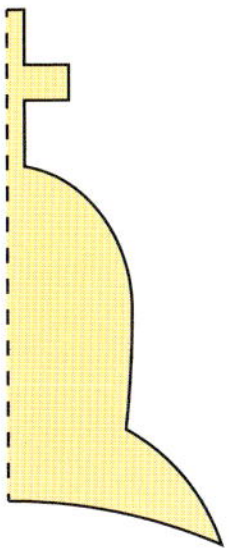

■お墓1

2折り

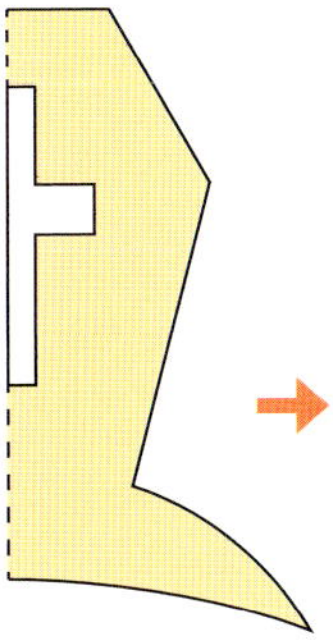

■お墓2

2折り

美しく色づいた
秋の贈りもの

秋の彩り

栗やキノコ、紅葉など、秋を代表するモチーフたち。
赤、茶、黄色、オレンジの紙を使って
秋の彩りを作りましょう。

型紙を原寸のまま使用してください

秋の彩りの型紙

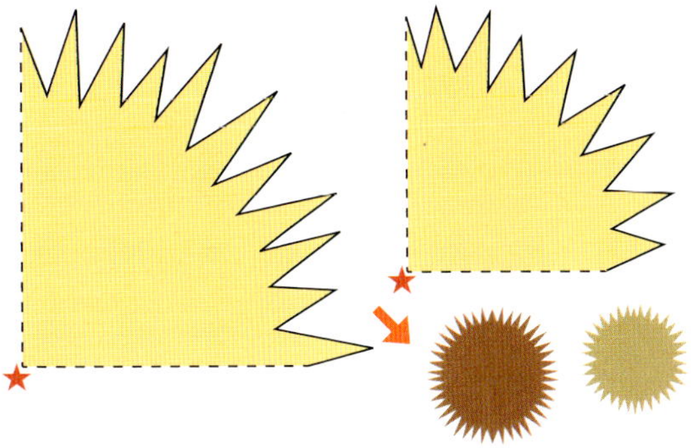

■栗のイガ1·2

4折り

■カエデ4種

2折り

少しずつ形のちがう栗でバリエーションをふやしましょう。

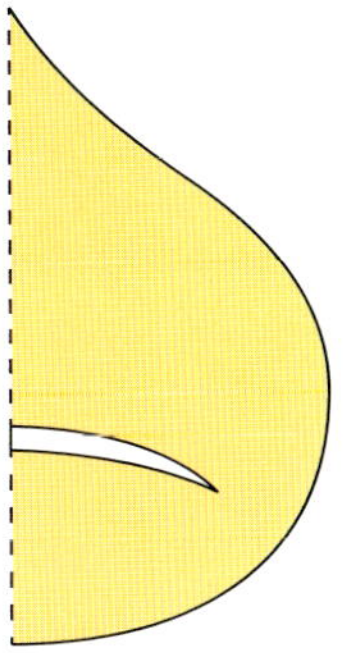

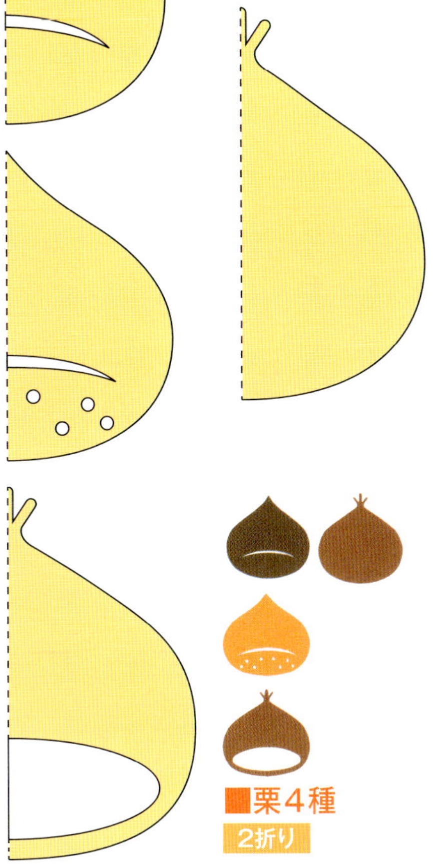

■栗4種

2折り

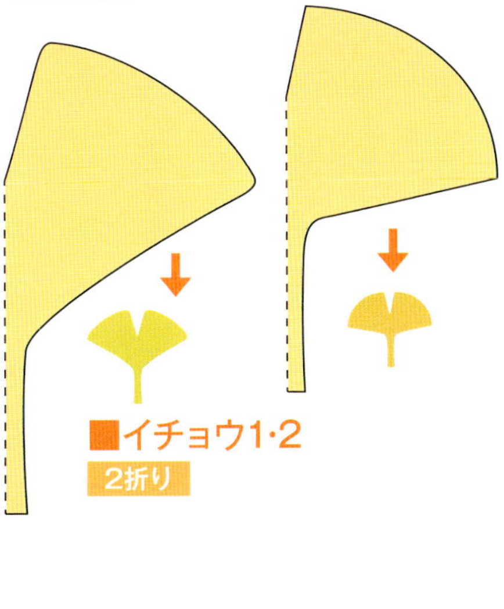

■イチョウ1·2

2折り

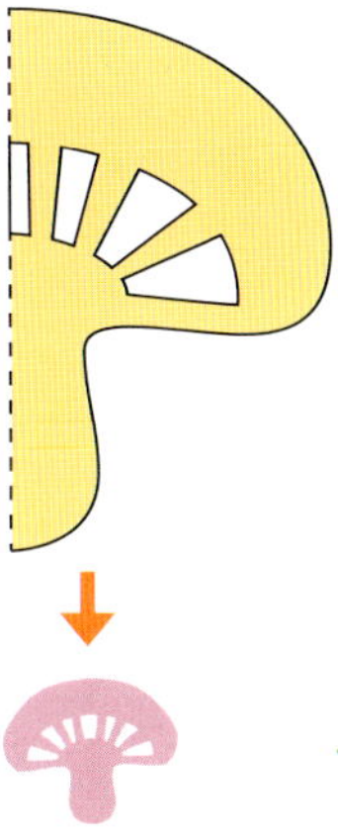

■松茸

2折り

■ぶどうの葉

2折り

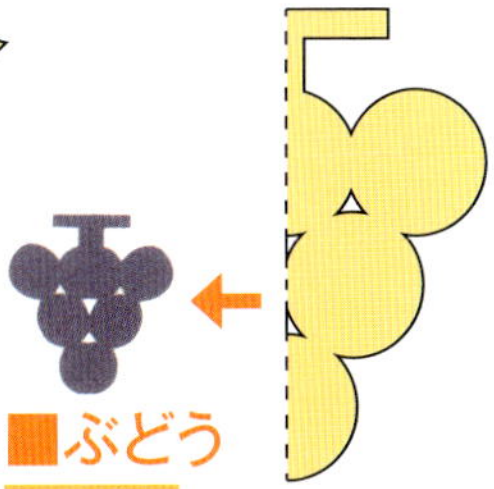

■ぶどう

2折り

たくさん作りたい！ツリーの飾り

クリスマス

大きなクリスマスツリーに、
素敵なオーナメントを飾りつけ。
じゃばらのトナカイやミニツリーなどは、
クリスマスカード用に作りました。

Merry Christmas!!
メリークリスマス♪

Winter

型紙を125%に拡大して使用してください

クリスマスの型紙

■ヒイラギ
2折り
■ステッキ
2折り
■クリスマスツリー
2折り
ツリーの上に、オーナメントを飾りましょう。
煙突が対にできあがるので、最後に片側を切り落とします。
■雪だるま
2折り
■キャンドル
2折り
■ジンジャークッキー
2折り
■ベル1
2折り
■プレゼント
2折り
■トナカイ
じゃばら折り
■おうち
2折り
■ソックス
2折り
■帽子
2折り
■手袋
2折り
■ベル2
2折り
■ミニツリー
2折り

お正月の飾りも
こんなにキュート

お正月

お正月らしい絵柄を切り紙にして
新年のお祝いをしましょう。
年賀状に貼ってデザインしても良いですね。

型紙95ページ

あけまして
おめでとう
ございます

賀正

いくつかのモチーフを組み合わせて、お正月らしい風景やシーンを描くのも素敵です。

キラキラ輝く
雪もよう

雪景色

繊細で華やかな雪の結晶たちは、
カッターを使わずにできる切り紙。
切って開いたときの
美しいデザインに感動します。

型紙を原寸のまま使用してください

雪景色の型紙

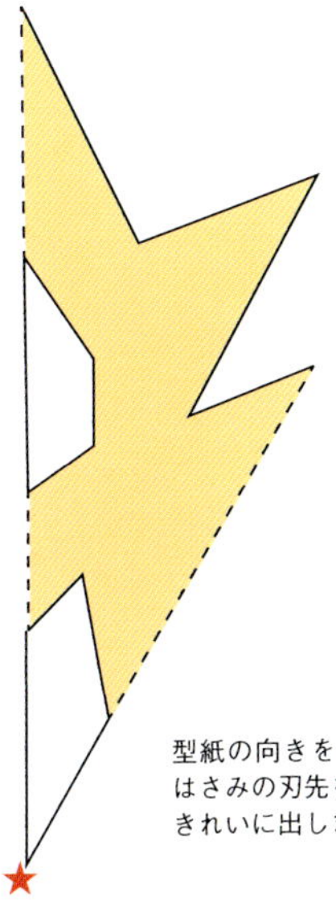

■雪の結晶1

12折り

型紙の向きを変えながら、はさみの刃先を使って角をきれいに出しましょう。

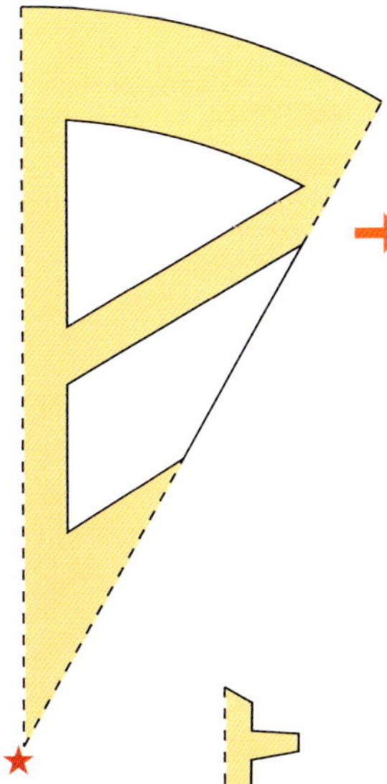

■雪の結晶2

12折り

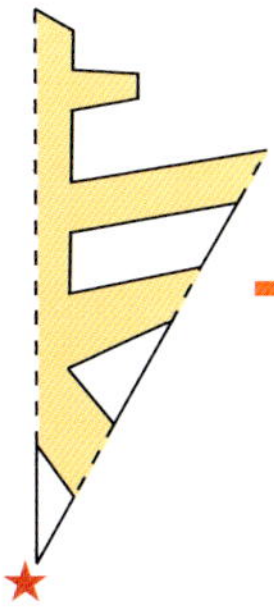

■雪の結晶3

12折り

紙がズレないように気をつけながら、細かくはさみを入れていきましょう。

■雪だるま

2折り

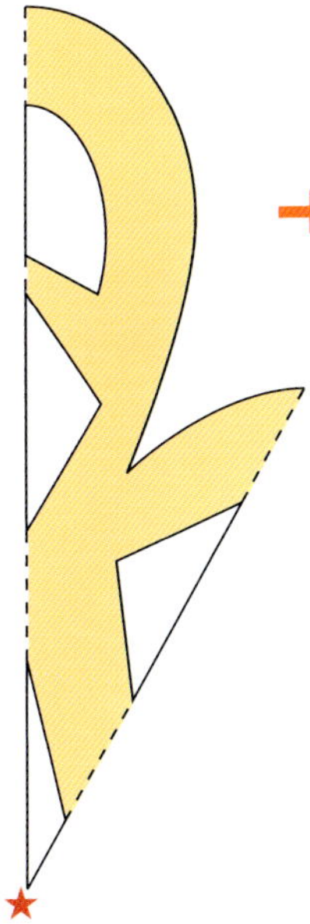

■雪の結晶4

12折り

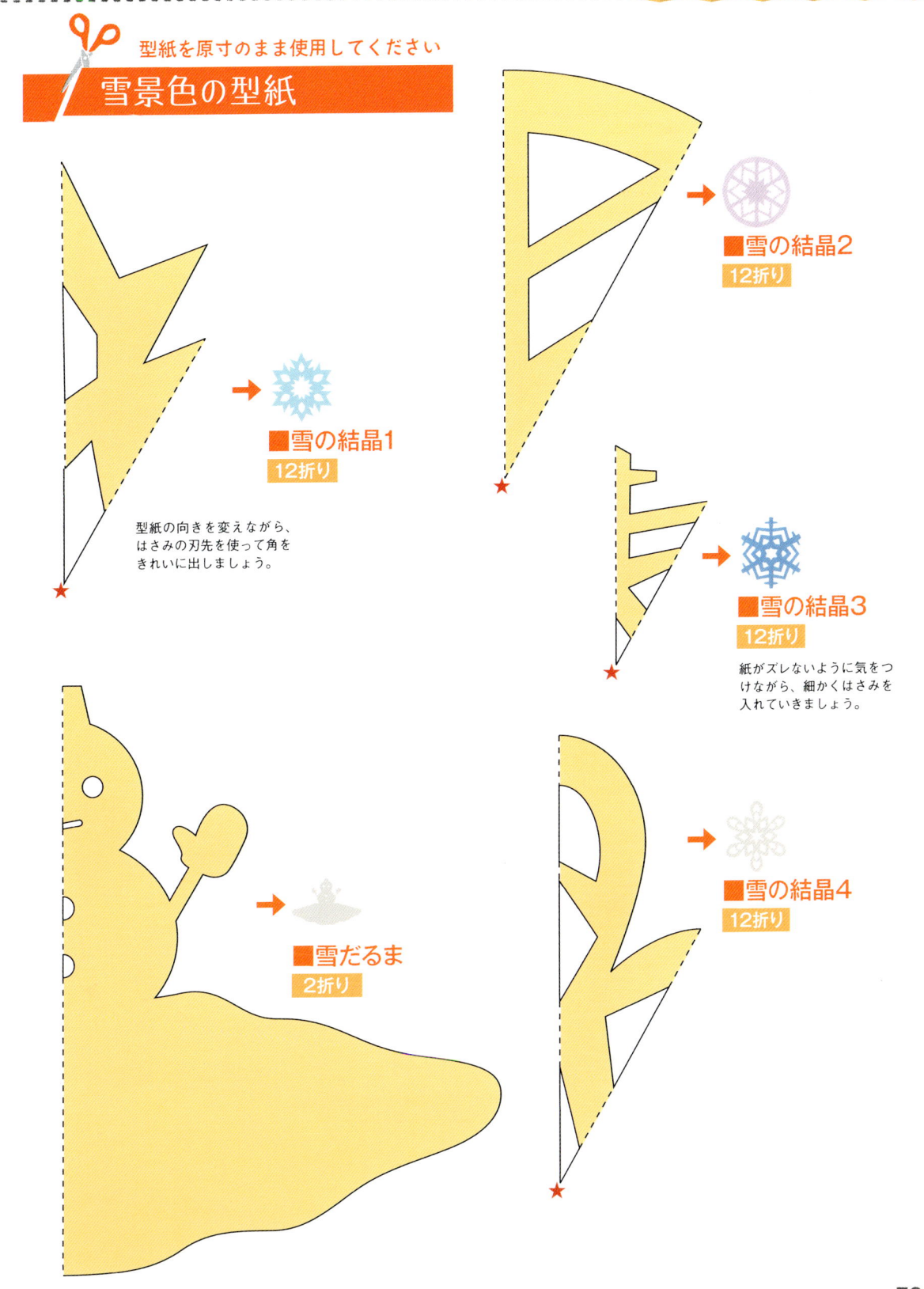

Column

四季の折り紙で カレンダーを作りましょう

四季折々のイベントで切り紙を作って楽しんだら、
作品を1冊にまとめてみましょう。
カレンダーも一緒に貼れば、オリジナルカレンダーのできあがりです。

スケッチブックに
切り紙と暦を貼れば
オリジナルカレンダーとして
活用できちゃいます！

カレンダーシートを貼りましょう

今年作った切り紙と一緒に暦を貼りましょう。小さめサイズが作品のじゃまにならずオススメです。

切り紙を貼りましょう

切り紙がその月々のモチーフ絵になるように並べて貼りつけましょう。全体にのりを塗らず、数カ所だけつけて貼りつけるときれいにできます。

※カレンダーシートは、市販の月めくりカレンダーや、ネットで無料で入手できるものもあるのでプリントアウトして使うなどしてください。

第4章 型紙コレクション

この章では、該当ページで紹介しきれなかった型紙を掲載しています。
型紙の上に薄い色の紙をのせてなぞったり、
好きなサイズに拡大してコピーしたり、
自分が使いやすい方法で活用してください。
型紙の写し方はP10で詳しく説明しているので、参照してください。

P12-13の作品／型紙を原寸のまま使用してください

ノート&メモ帳飾りの型紙

■魚
2折り
■傘
2折り
■おうち
2折り
ペンで目盛りを
書きましょう。
■定規
2折り
■バッグ
2折り
■三角定規
2折り
■えんぴつ
2折り
■ギター
2折り
■りんご
2折り
■教科書
2折り
■木
2折り
■ネコ
2折り
■コンパス
2折り
■パンツ
2折り
■小銭入れ
2折り
■うさぎ
2折り
■ワンピース
2折り
■はさみ
2折り
■万年筆
2折り

P16-17の作品／型紙を150%に拡大して使用してください

お祝いカード1の型紙

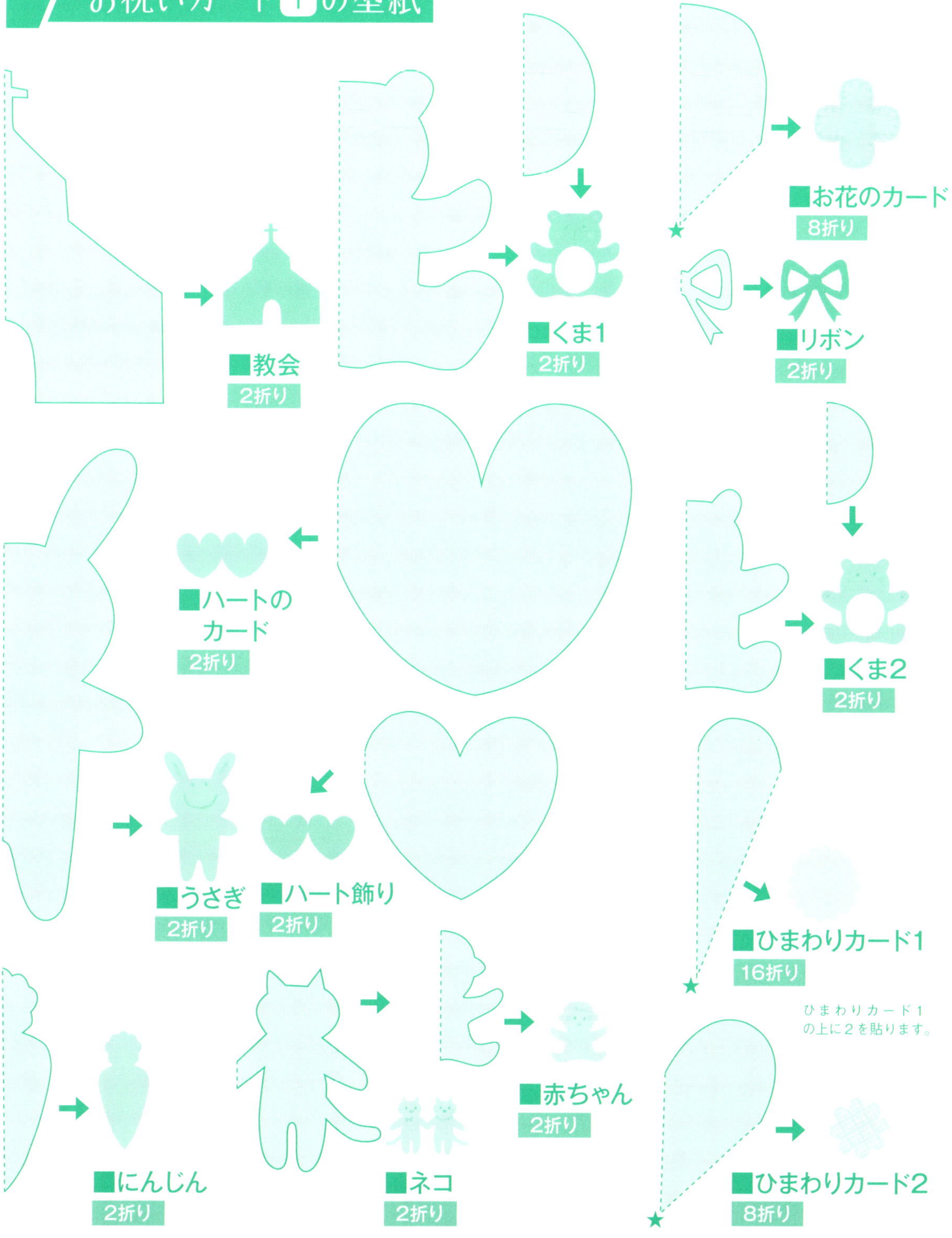
■教会
2折り
■くま1
2折り
■お花のカード
8折り
■リボン
2折り
■ハートのカード
2折り
■くま2
2折り
■うさぎ
2折り
■ハート飾り
2折り
■ひまわりカード1
16折り
ひまわりカード１の上に２を貼ります。
■にんじん
2折り
■ネコ
2折り
■赤ちゃん
2折り
■ひまわりカード2
8折り

P20-21の作品／型紙を200%に拡大して使用してください

壁飾り＆フォトフレームの型紙

■アーチ型フレーム
2折り
■四角い窓フレーム
2折り
■アーチ型窓フレーム
2折り
谷折り
上の2つの窓は、真ん中の折り線上にカッターで切り込みを入れ、点線で谷折りして窓を開きます。
■窓フレーム
2折り
■木
2折り
窓の切り込みは、最後にコの字形に入れます。
■植木鉢
2折り
■家フレーム
2折り
■エッフェル塔
2折り
■車
2折り
■ネコ
2折り
雲の型紙はP61を参照。
■風船
2折り
■ランプシェード
2折り
■ランプシェードの脚
2折り

P24-25の作品／型紙を原寸のまま使用してください

おもしろポストカードの型紙

■流れ星
2折り
■ロケット
2折り
■宇宙飛行士
2折り
■メダル枠
8折り
■メダルリボン
2折り
■メダルの中
8折り
■シルクハット
2折り
■きのこ
2折り
■惑星
2折り
■蝶ネクタイ
2折り
■ネコのエプロン
2折り
■ハート
2折り
■星
2折り
■ネコの体
2折り
■ネコの腕
2折り
■スプーン
2折り
■ハートのメガネ
2折り
■魚
2折り
■フォーク
2折り

P30-31の作品／型紙を200%に拡大して使用してください

山折り
谷折り

おはようの型紙

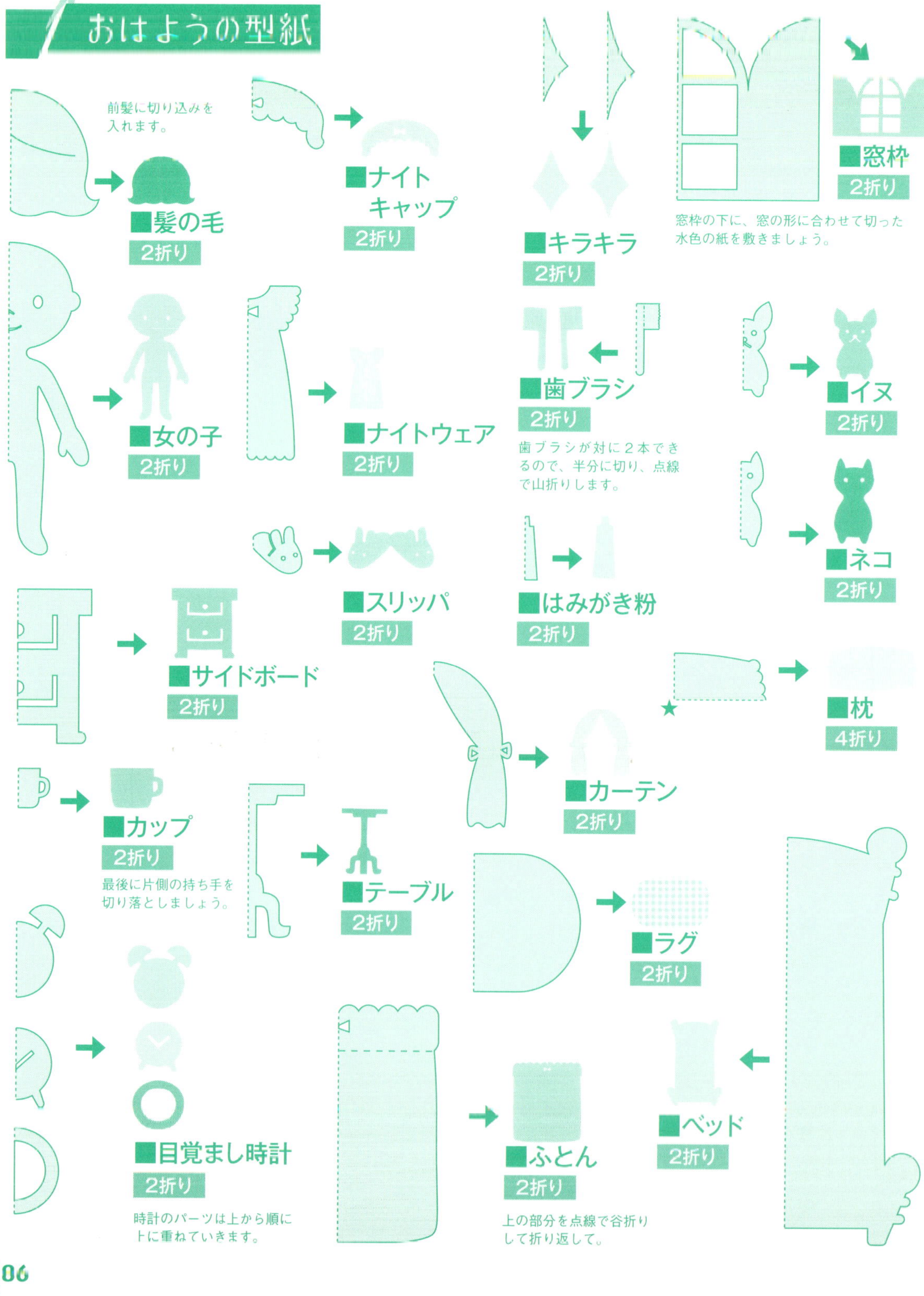
前髪に切り込みを入れます。
■髪の毛
2折り
■ナイトキャップ
2折り
■キラキラ
2折り
■窓枠
2折り
窓枠の下に、窓の形に合わせて切った水色の紙を敷きましょう。
■女の子
2折り
■ナイトウェア
2折り
■歯ブラシ
2折り
歯ブラシが対に2本できるので、半分に切り、点線で山折りします。
■イヌ
2折り
■ネコ
2折り
■スリッパ
2折り
■はみがき粉
2折り
■サイドボード
2折り
■枕
4折り
■カーテン
2折り
■カップ
2折り
最後に片側の持ち手を切り落としましょう。
■テーブル
2折り
■ラグ
2折り
■目覚まし時計
2折り
時計のパーツは上から順に上に重ねていきます。
■ふとん
2折り
上の部分を点線で谷折りして折り返して。
■ベッド
2折り

P34-35の作品／型紙を200％に拡大して使用してください

朝食の型紙

■食パンの耳
2折り
■Tシャツ
2折り
■おなべ
2折り
■フライ返し
2折り
■Tシャツのロゴ
2折り
■食パン
2折り
■シンク
2折り
シンクの下に水色の紙をしきましょう。
■おたま
2折り
■ハーフパンツ
2折り
■目玉焼き
2折り
■棚
2折り
黄色の紙で小さな丸を切り、白身の上にのせましょう。
■蛇口
2折り
■フライパン
2折り
■フォーク
2折り
■塩・こしょう
2折り
■皿1・2
2折り
■換気扇
2折り
■スプーン
2折り
■魚
2折り
■トマト
2折り
■にんじん
2折り
■ガスレンジ
2折り
■ブロッコリー
2折り
■ピーマン
2折り
■椅子
2折り
女の子の型紙はP86を参照。
■スープボウル
4折り
■オーブン
2折り
■コーンスープ
2折り
■テーブル
2折り
オーブンの下にオレンジ色の紙をしき、その上に魚を乗せて。
パセリはペンで描き込んで。

P40-41の作品／型紙を125%に拡大して使用してください

お着がえの型紙

■下着
2折り
■ケープ
2折り
■ワンピース1
2折り
■ワンピース2
2折り
■セーター
2折り
■ブラウス
2折り
■スカート
2折り
■ワンピース3
2折り
■ベルト
2折り
■ハンガー
2折り
■ジャンパースカート
2折り
■デニムパンツ
2折り
小さな丸を切って真ん中に貼りましょう。
■トルソー
2折り
■ワンピース4
2折り
ワンピースを切ったら、胸元に鳥を切り抜きます。
■ポシェット
2折り
女の子の型紙はP86を参照。
■クローゼット
2折り
■ショートブーツ
2折り
■パンプス
2折り

P44-45の作品／型紙を200%に拡大して使用してください

カフェの型紙

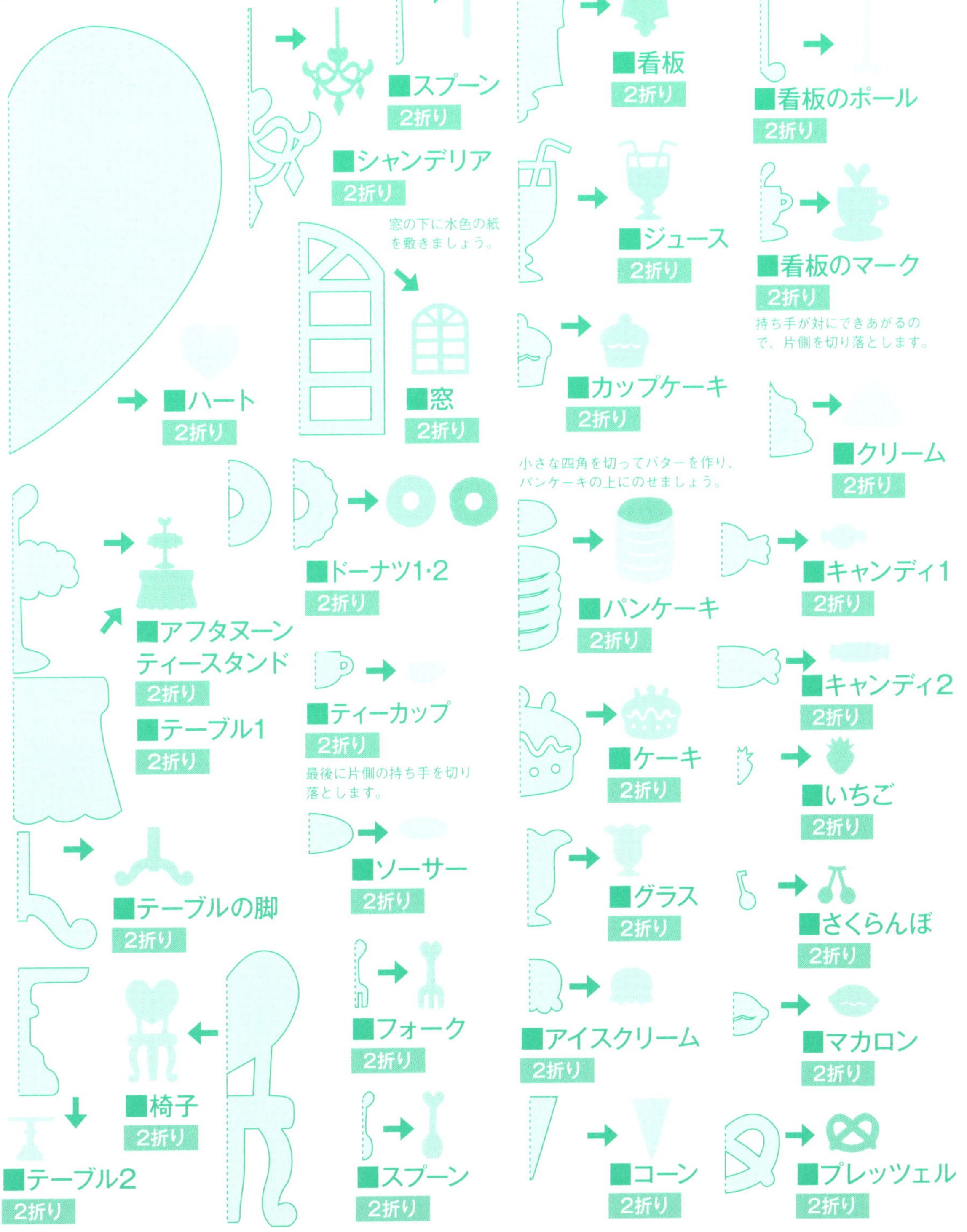
■シャンデリア
2折り
■スプーン
2折り
■看板
2折り
■看板のポール
2折り
窓の下に水色の紙を敷きましょう。
■ジュース
2折り
■看板のマーク
2折り
持ち手が対にできあがるので、片側を切り落とします。
■ハート
2折り
■窓
2折り
■カップケーキ
2折り
■クリーム
2折り
小さな四角を切ってバターを作り、パンケーキの上にのせましょう。
■ドーナツ1·2
2折り
■パンケーキ
2折り
■キャンディ1
2折り
■アフタヌーンティースタンド
2折り
■テーブル1
2折り
■ティーカップ
2折り
最後に片側の持ち手を切り落とします。
■キャンディ2
2折り
■ケーキ
2折り
■いちご
2折り
■ソーサー
2折り
■テーブルの脚
2折り
■グラス
2折り
■さくらんぼ
2折り
■フォーク
2折り
■アイスクリーム
2折り
■マカロン
2折り
■椅子
2折り
■テーブル2
2折り
■スプーン
2折り
■コーン
2折り
■プレッツェル
2折り

P48-49の作品／型紙を150%に拡大して使用してください

ショッピングの型紙

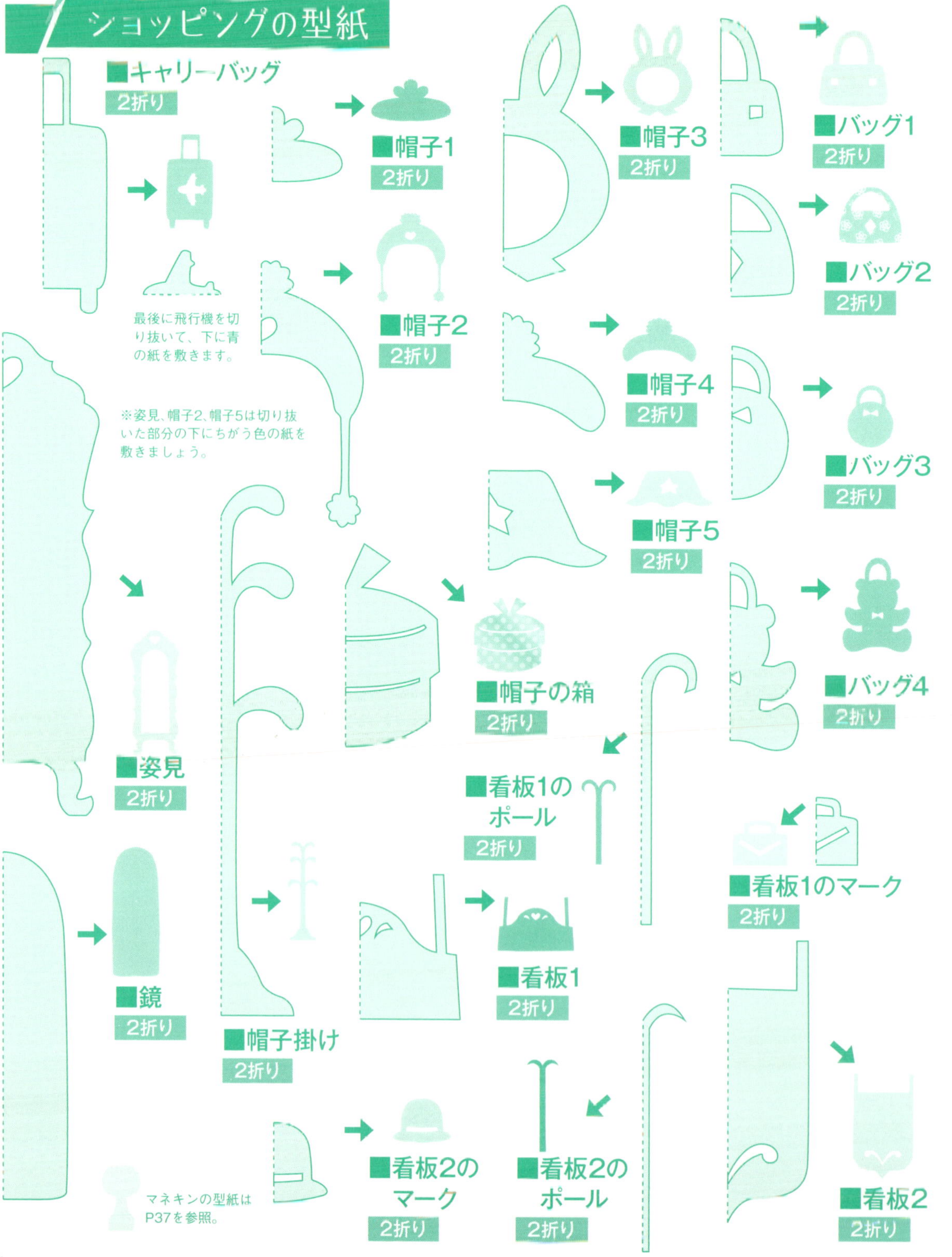

■キャリーバッグ
2折り
最後に飛行機を切り抜いて、下に青の紙を敷きます。
■帽子1
2折り
■帽子2
2折り
※姿見、帽子2、帽子5は切り抜いた部分の下にちがう色の紙を敷きましょう。
■帽子3
2折り
■バッグ1
2折り
■バッグ2
2折り
■帽子4
2折り
■バッグ3
2折り
■帽子5
2折り
■帽子の箱
2折り
■バッグ4
2折り
■姿見
2折り
■看板1のポール
2折り
■看板1のマーク
2折り
■鏡
2折り
■帽子掛け
2折り
■看板1
2折り
■看板2のマーク
2折り
■看板2のポール
2折り
■看板2
2折り
マネキンの型紙はP37を参照。

P50-51の作品／型紙を200％に拡大して使用してください

お友だちの誕生日の型紙

■譜面
2折り
■グラス1
2折り
■アイスクリーム
2折り
■ピアノ
2折り
■椅子
2折り
■フラッグ
じゃばら折り
■クリーム
2折り
■グラス2
2折り
ピアノのサイズに合わせて鍵盤を切り、ペンで絵を描き込みましょう。
■お友だち
2折り
■ワンピース
2折り
■プレゼント
2折り
■髪の毛
2折り
■バースデーケーキ
2折り
■ブーツ
2折り
■置物
2折り
■テーブル
2折り
■リボン
2折り
■クラッカー
2折り
■風船3種
2折り
女の子の型紙はP86を参照。

P56-57の作品／型紙を原寸のまま使用してください

お花見の型紙

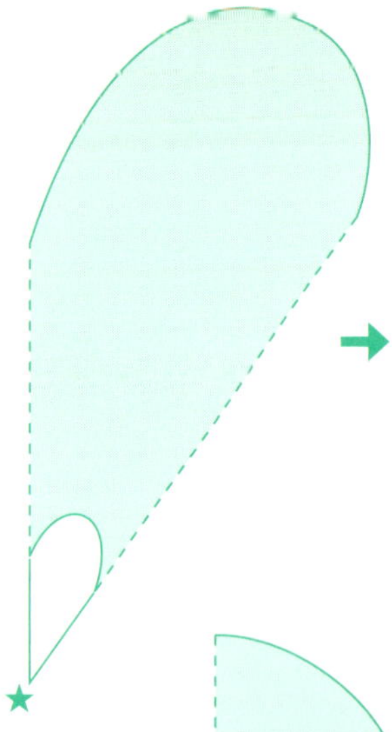

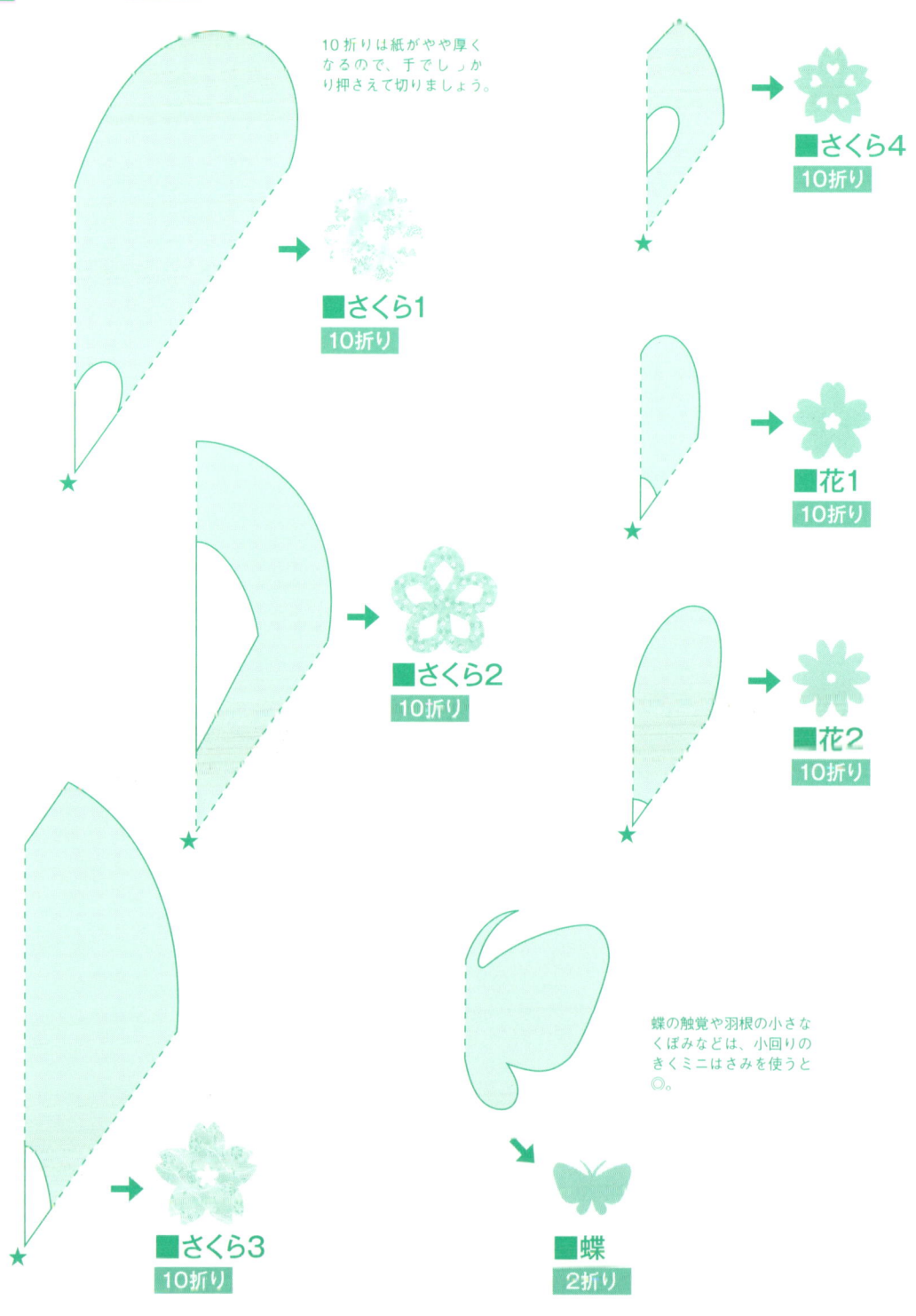

10折りは紙がやや厚くなるので、手でしっかり押さえて切りましょう。

■さくら1

10折り

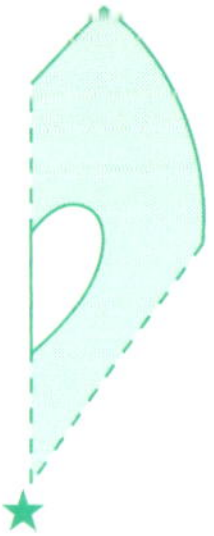

■さくら4

10折り

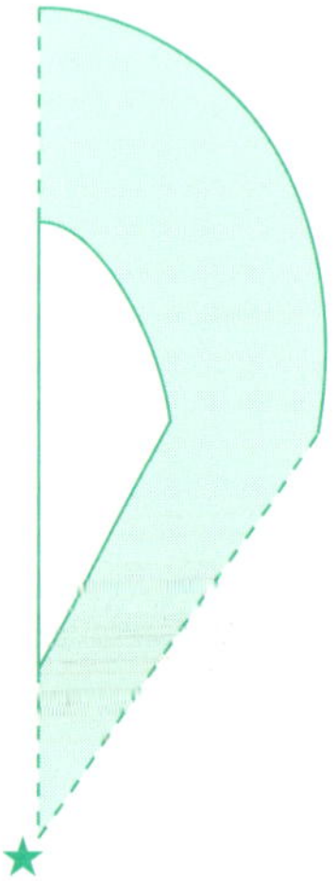

■さくら2

10折り

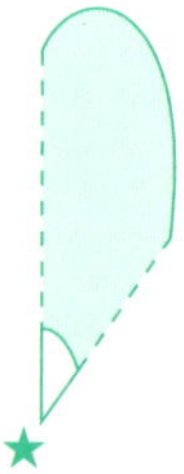

■花1

10折り

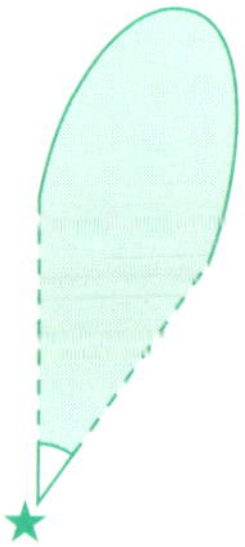

■花2

10折り

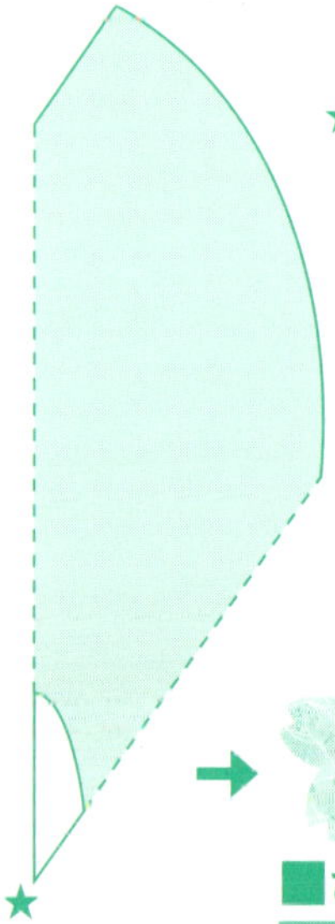

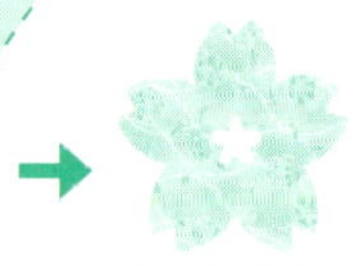

■さくら3

10折り

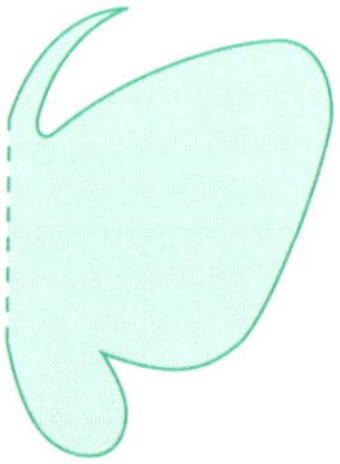

蝶の触覚や羽根の小さなくぼみなどは、小回りのきくミニはさみを使うと◎。

■蝶

2折り

P62-63の作品／型紙を125%拡大して使用してください

夏の風物詩の型紙

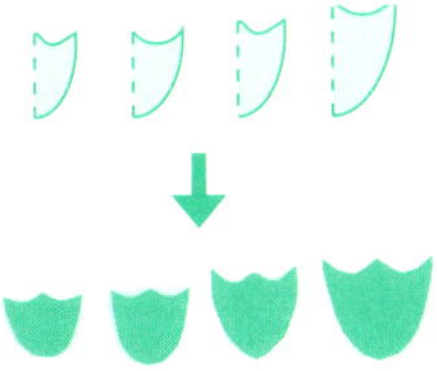

■ペンギンの足跡
2折り

■ペンギン
2折り

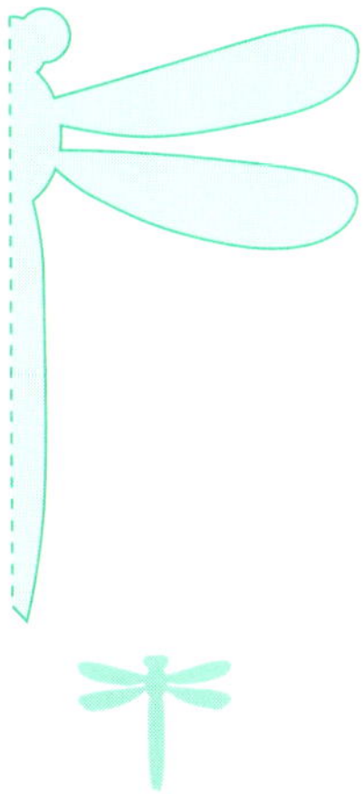

■トンボ
2折り

■うちわ
2折り

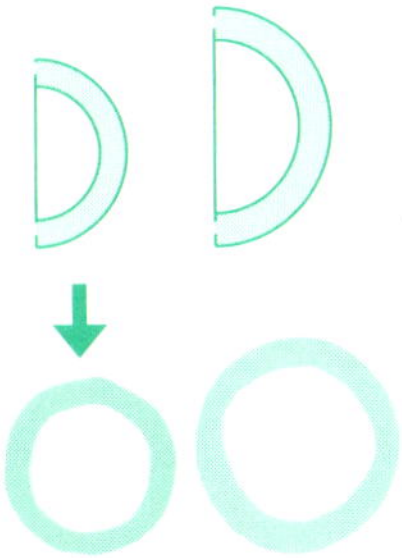

■水紋
2折り

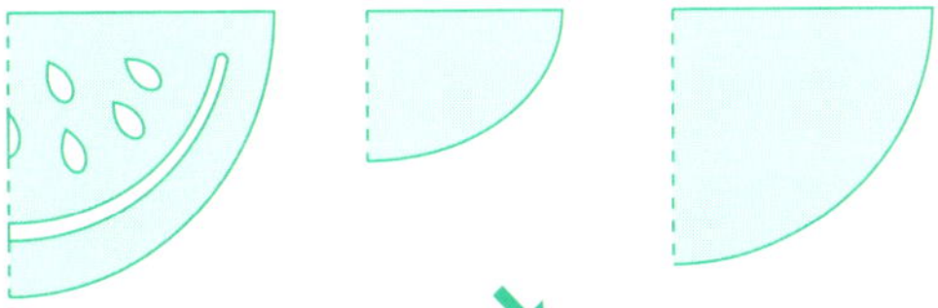

■スイカ（カット）
2折り

スイカのパーツは、右から順に上に重ねていきます。

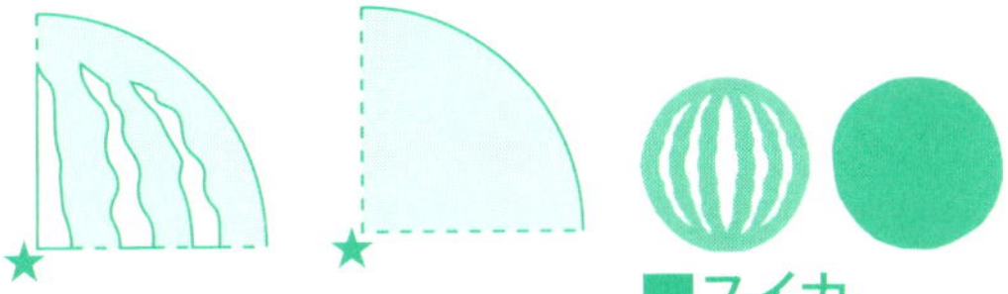

■スイカ
4折り

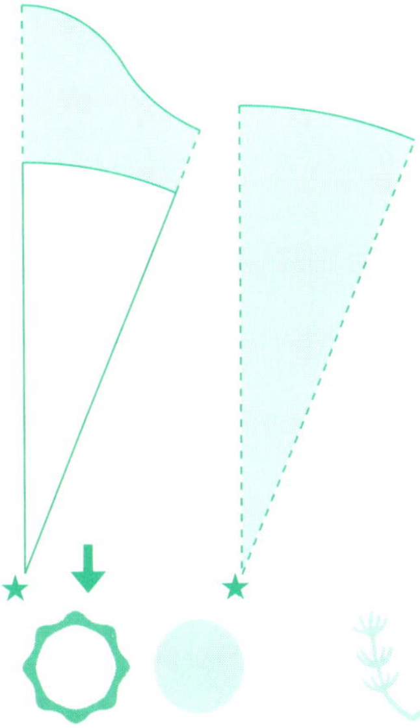

■金魚鉢
16折り

■水草
2折り

■石
2折り

■金魚3種
2折り

P68-69の作品／型紙を150%に拡大して使用してください

お月見の型紙

切り抜いた餅つきうさぎも、飾りに使えます。

■月とうさぎ

2折り

■すすき

2折り

■秋の草花1·2

2折り

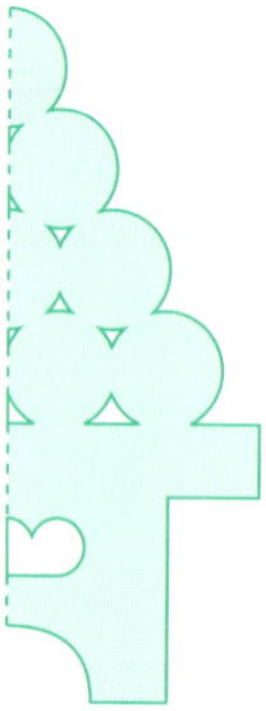

■お月見だんご

2折り

■たぬき

2折り

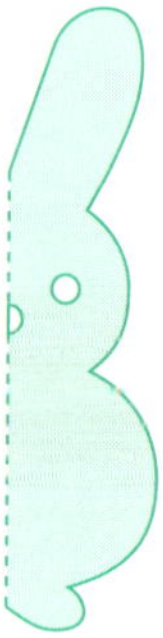

■うさぎ

2折り

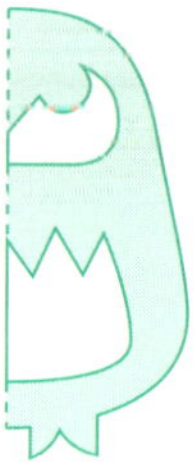

■ふくろう

2折り

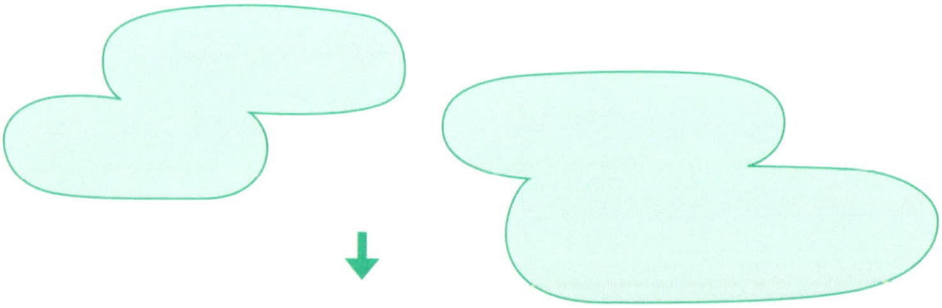

■雲1·2

雲は、紙を折らずにそのまま切りましょう。

■きつね

2折り

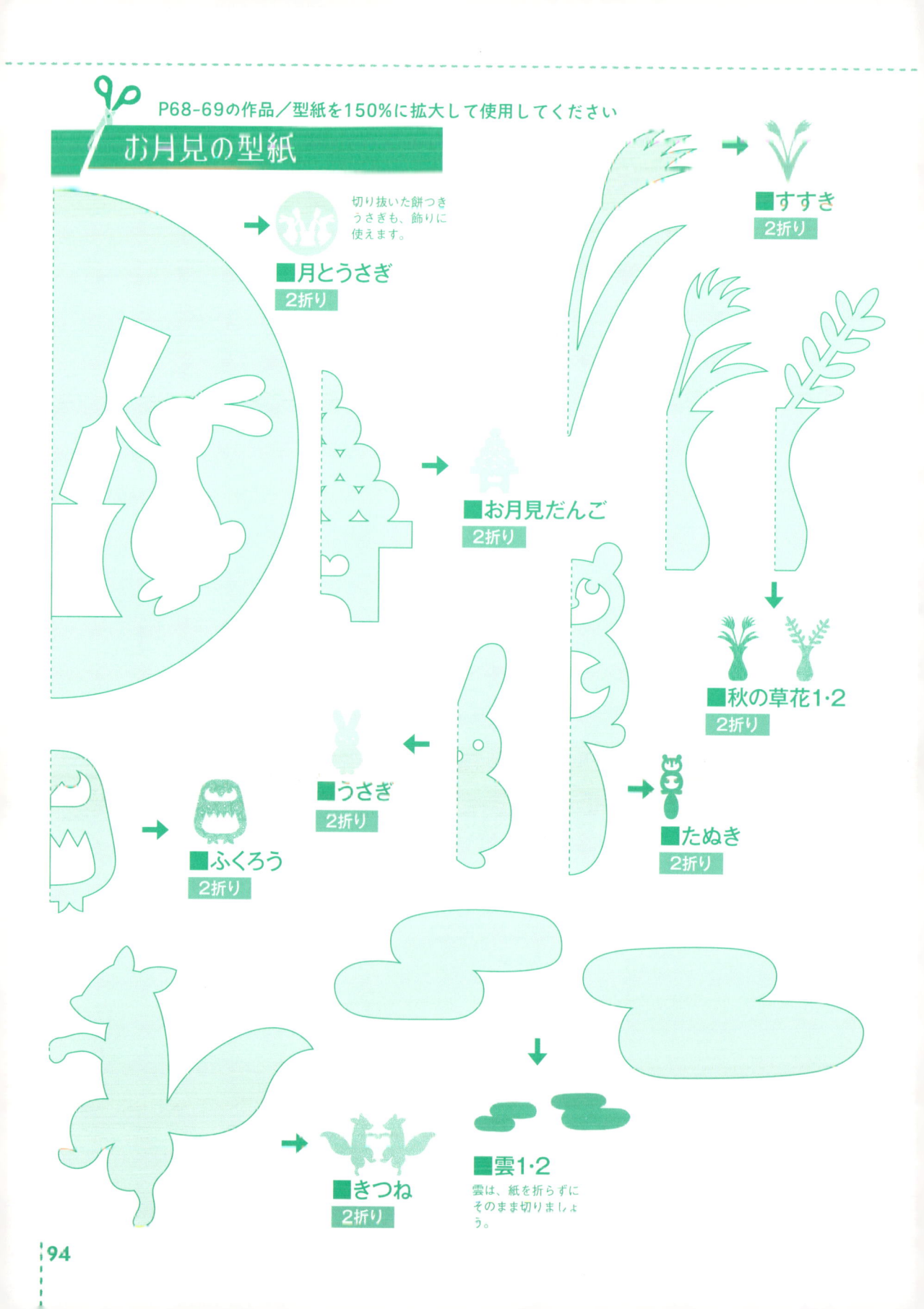

P76-77の作品／型紙を200%に拡大して使用してください

お正月の型紙

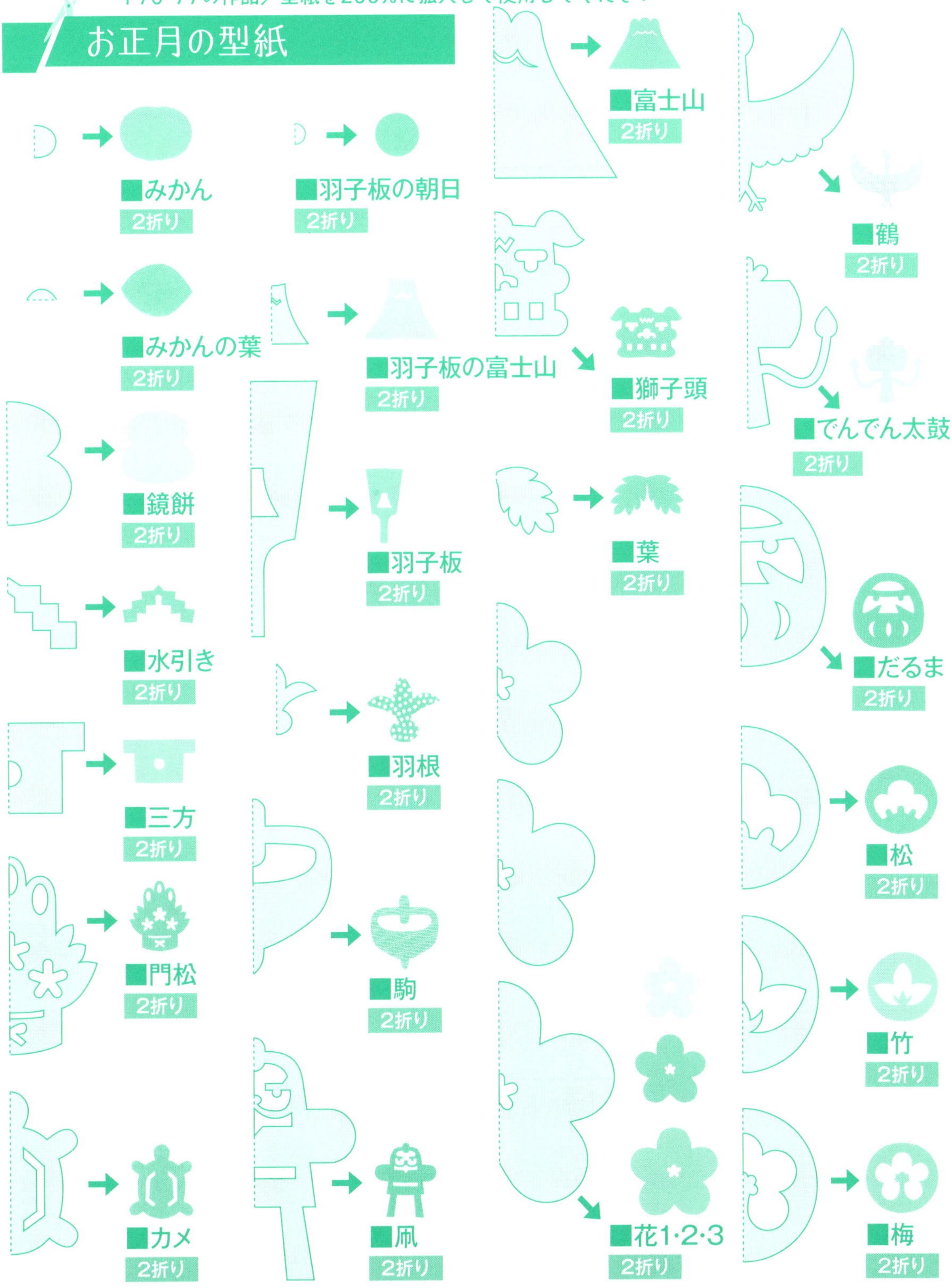

■みかん
2折り
■羽子板の朝日
2折り
■みかんの葉
2折り
■羽子板の富士山
2折り
■鏡餅
2折り
■羽子板
2折り
■水引き
2折り
■羽根
2折り
■三方
2折り
■門松
2折り
■駒
2折り
■カメ
2折り
■凧
2折り
■富士山
2折り
■獅子頭
2折り
■葉
2折り
■花1·2·3
2折り
■鶴
2折り
■でんでん太鼓
2折り
■だるま
2折り
■松
2折り
■竹
2折り
■梅
2折り

いしかわ☆まりこ

専門学校のトーイデザイン科を卒業。
おもちゃメーカーにて企画デザインを担当後、映像制作会社での幼児向けビデオの仕事を経てクラフト作家として独立。
主に子どもや女性向けの造形作品を雑誌やテレビで発表している。
NHK Eテレ「ノージーのひらめき工房」の造形監修。
NHK Eテレ「すくすく子育て」の布グッズ・折り紙の講師を担当。
また、「放課後NPOアフタースクール」にて工作指導を担当するほか、全国各地で保育士向けのワークショップを開催。小学校や児童館で子どもたちにも工作を教えている。
著書に「お気に入りを、たくさん！ 切り紙だいすき。」(日本文芸社)
「超おしゃれ！女の子の手作り自由工作BOOK」(主婦と生活社)
「かんたん！ つかえる！ かわいいおりがみ」(ポプラ社)
「女の子のおりがみ」(メイツ出版)など多数。

「☆まりこのブログ」
http://air.ap.teacup.com/rasujojo/

読者のみなさまへ
本書の内容に関するご質問等は、お手紙かメール(info@TG-NET.co.jp)にて承ります。
大変申し訳ありませんがお電話でのお問い合わせはご遠慮くださいますよう、お願い申し上げます。

かんたん!かわいい!
切り紙ブック

平成26年4月1日　初版第1刷発行

著　者　いしかわ☆まりこ
発行者　穂谷竹俊
発行所　株式会社日東書院本社
〒160-0022
東京都新宿区新宿2丁目15番14号　辰巳ビル
TEL　03-5360-7522(代表)
FAX　03-5360-8951(販売)
振替　00180-0-705733
URL　http://www.TG-NET.co.jp
印刷　共同印刷株式会社
製本所　株式会社宮本製本所

ISBN 978-4-528-01786-3 C2077

Staff
企画・構成・編集　nikoworks
撮影　村山 玄子(muraya.ma)
本文・カバーデザイン　武野 至恵
イラスト　いしかわ☆まりこ
DTP　nikoworks
中西 成嘉
製作協力　もぐらぽけっと
鈴木 志保
企画進行　中川 通
渡辺 塁
編笠屋 俊夫
牧野 貴志
(辰巳出版株式会社)